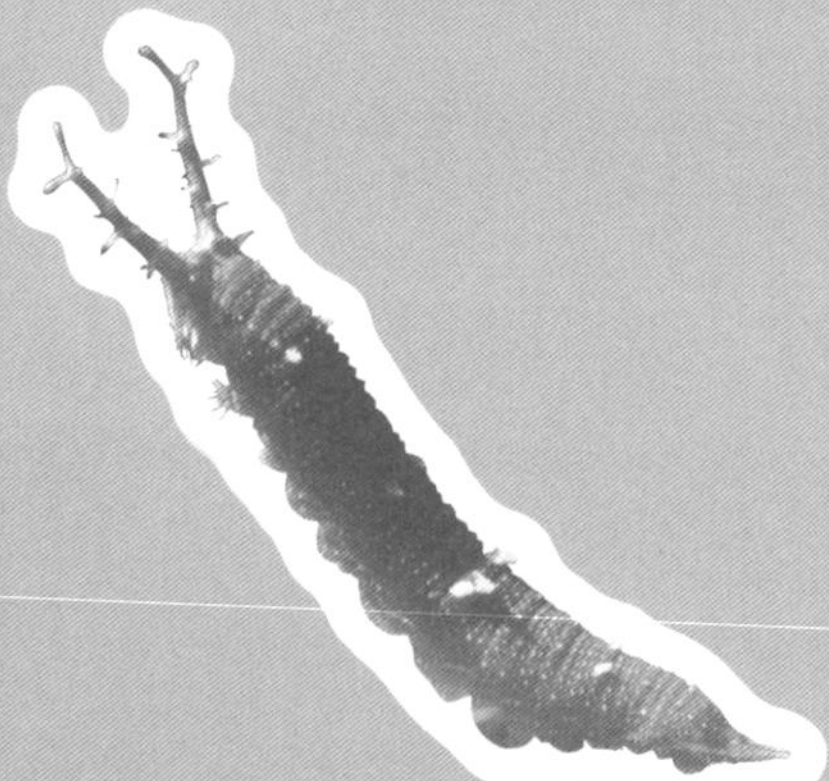

▲ゴンズイの冬芽《ふゆめ》は、かわいいカエルの目玉みたい。あとすこしで、葉《は》をパッと広げるんだね。

▼キブシにやってきたビロードツリアブ。花にあいさつ、しているのかな。

▼背《せ》のびをしているようなシロツメクサ。春をずっと、待《ま》っていたんだね。

あたらしい春

▲タチツボスミレの花、花、花。きょうだいだから、みんなそっくりだ。

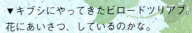

▲幼虫《ようちゅう》のキアゲハはまるでトラみたい。強そうに見える？

▲羽化《うか》したてのキアゲハ。黄色と黒のデザインがよくにあう。

◀オオムラサキの幼虫《ようちゅう》。葉《は》っぱの色にそっくりだ。

はばたけ空へ！

▲はねを広げたオオムラサキ。「国チョウ」らしく、堂々《どうどう》としているよ。

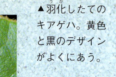

▲ツマベニチョウは南国のチョウ。はねの色と花の色がそっくりだ。

▲ツマベニチョウの幼虫《ようちゅう》はヘビのまねが大得意《だいとくい》。

▲カバタテハの幼虫《ようちゅう》は、どう見たって、やっぱりケムシ。

▶カバタテハ。カバではなく、かば色（赤みを帯《お》びた黄色）が名前の由来《ゆらい》。

▲樹液《じゅえき》をすうアカボシゴマダラ。

▶木の幹《みき》を移動中《いどうちゅう》のアカボシゴマダラの幼虫《ようちゅう》。

▼草の上にとまってはねを広げたアカボシゴマダラ。

◀かれ草にとまったホソオチョウのオス。はねが白くて目立ちやすい。

▶ホソオチョウのメスは黒っぽく、オスとは別種《べっしゅ》のようだ。

▲アレチウリ。ほかの植物《しょくぶつ》に、おおいかぶさるようにして広がっていく。

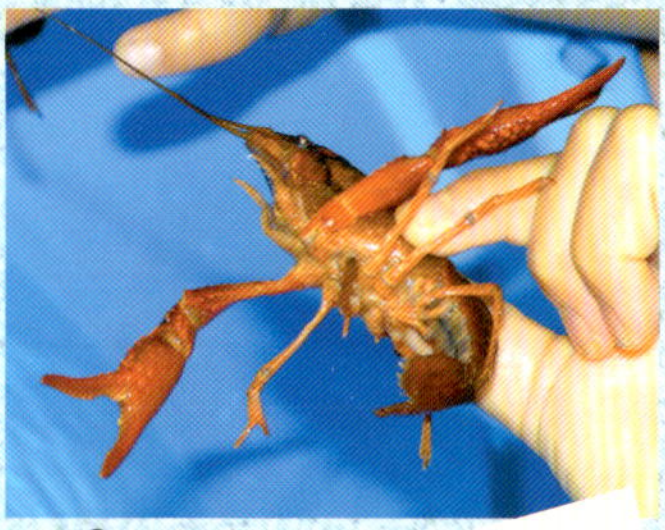

▶アメリカザリガニは、有名《ゆうめい》すぎる外来種《がいらいしゅ》。

▼全国的《ぜんこくてき》にふえすぎて問題《もんだい》になっているアカミミガメ。

ふるさとは海の向《む》こう

▲ウシガエル。鳴き声を聞けば、その名前に納得《なっとく》してしまう。

▲ダンゴムシをつかまえたヨコヅナサシガメ。

「赤い星」のアルバム

▲アカボシゴマダラの卵《たまご》。米つぶより小さく、丸みを帯《お》びたドーム型《がた》をしている。

▶見せびらかすようにはねを広げたアカボシゴマダラ。

▼アカボシゴマダラのさなぎ。

▲アカボシゴマダラのふ化幼虫《かようちゅう》。角《つの》がなく、おしりの先も開《ひら》いている。

▲庭《にわ》に飛《と》んできたアカボシゴマダラ。

▲アカボシゴマダラのなぞの立ち上がりポーズ。

▲アカボシゴマダラの幼虫《ようちゅう》は「緑《みどり》のナメクジ」に見えた。

▲アカボシゴマダラの幼虫《ようちゅう》の角《つの》は、身《み》を守《まも》る武器《ぶき》になるらしい。

▲ネコ顔に見えるアカボシゴマダラの幼虫《ようちゅう》。

▲ジャコウアゲハ。わが家には、毎年やってくる。

庭《にわ》に来るチョウ

▲キタテハ。近くの草むらにたくさんいて、遊《あそ》びに来てくれる。

▲ツマグロヒョウモン。幼虫《ようちゅう》は、わが家のパンジーの葉《は》をえさにする。

▶ナガサキアゲハ。たまに見かけるとうれしくなる大型《おおがた》のチョウだ。

赤い星のチョウを追《お》え！

文・写真

谷本雄治

もくじ
contents

はじめに

自然《しぜん》とのつきあいかたは、人それぞれです。

標本《ひょうほん》づくりのためならいろいろなところに出かけるほうがいいかもしれませんが、ぼくの場合はちがいます。どんな虫や草木でも、見られるだけでいいと思っているからです。よほどのことがないかぎり、遠出はしません。

「だったら、めずらしい生きものは見られないね。」

自然観察《しぜんかんさつ》が好《す》きな友だちに、そう言われたことがあります。

希少種《きしょうしゅ》といわれるものだと、そうかもしれません。よほどめぐまれた自然環境《しぜんかんきょう》でないと、すんでいないことが多いからです。しかし、どんなもの、どんなことを「めずらしい」と感《かん》じるかもまた、人によって変《か》わります。

身近《みぢか》な生きものに興味《きょうみ》があるぼくのような自然観察者《しぜんかんさつしゃ》は、虫や草木が見られればどこでもかまいません。何度《なんど》見ても、見るたびにちいさな発見《はっけん》があるからです。

日ごろの観察《かんさつ》で見落《みお》とすことが多いといえばその通りですが、それがなんでしょう。新しいことに気づけば、しばらくはうれしくてたまりません。

それは、ぼくが育《そだ》った環境《かんきょう》に関係《かんけい》するかもしれません。名古屋市南部《なごやしなんぶ》の海をうめたてたまちがふるさとなので、カブトムシやクワガタムシを見ることもなく、大人になりました。

チョウでいえば、アゲハチョウでも見たら「超《ちょう》」が付《つ》くくらいの大物《おおもの》を見た気分になりました。いま住《す》んでいる千葉市《ちばし》ならキタテハやルリタテハもふつうに見られます。その差《さ》は、とても大きいように思います。

そんなぼくの前に、見たことのない虫があらわれました。しかも、苦手《にがて》なイモムシです。相手《あいて》にしなくてもいいのに、気になってしかたがありません。

新たな観察《かんさつ》のはじまりです。

それがどんな虫だったのかは、読んでからのお楽しみ。

とても興味深《きょうみぶか》い虫だと思いますよ。

1 緑《みどり》のナメクジ

ぷるん。

目の前の小枝《こえだ》がふるえました。風もないのに、どうしたのでしょう。

——なんだろう。

気になって見直すと、なんともきみょうな虫が葉《は》をかじっていました。

二〇一五年の四月、千葉《ちば》市内の公園での出来事《できごと》です。

それは、イモムシでした。

でも、サツマイモ畑《ばたけ》で見るようなスズメガ類《るい》の幼虫《ようちゅう》ではなく、シャクガ類《るい》のシャクトリムシでもありません。

どちらかといえば、ナメクジに近い感《かん》じです。

ナメクジの頭には、「角《つの》」にたとえられる目玉があります。そのイモムシにも、角《つの》のようなものが生えていました。触角《しょっかく》だな、とぼくは思いました。

▲初《はじ》めて見たヘンな幼虫《ようちゅう》。緑色《みどりいろ》でナメクジに似《に》た「角《つの》」があった。

▲ナメクジ。頭には「角《つの》」があり、ぬめぬめした感《かん》じがする。

体長は四センチメートルぐらい。おしりに向《む》かって、からだはすっと細くなります。見たまんまの印象《いんしょう》をことばにすると、「緑《みどり》のナメクジ」です。

短《みじか》いあしが何本か見えるので、ナメクジでないことは明らかです。背中《せなか》には若草色《わかくさいろ》の帯《おび》があり、その両側《りょうがわ》はうっすらと赤みを帯《お》びていました。

――なんだろう、この虫。

緑《みどり》に赤がまじる色合いなので、すこし気味《きみ》の悪《わる》いイモムシに見えました。

自然観察《しぜんかんさつ》が好《す》きなぼくは季節《きせつ》を問《と》わず、身近《みぢか》な虫や草木を見て楽しんでいます。

いまの家に住《す》んで二十数年になりますが、近所《きんじょ》で初《はじ》めて目にする動植物《どうしょくぶつ》はまだたくさんあります。だから知らない虫や知らないイモムシがいたって、不思議《ふしぎ》ではありません。

それにぼくは、イモムシやケムシが苦手《にがて》です。成虫《せいちゅう》になったチョウや蛾《が》はともかく、幼虫《ようちゅう》は見た目も動《うご》き方も好《す》きになれません。そんなこともあって、よほど特《とく》ちょうがないと、初《はじ》めて目にするチョウや蛾《が》を見分けることはできません。幼《よう》虫《ちゅう》となればなおさらです。

それでも観察記録《かんさつきろく》のつもりで、写真《しゃしん》はなるべく撮《と》るようにしています。そうすれば名前を知りたくなったとき、調《しら》べる手がかりになります。写真《しゃしん》があれば、くわしい人にたずねられます。

――それにしてもこの虫はなんだ？

気になってしかたがありません。だからといって、ここにずっといてもしかたがないので、カメラのシャッターを数回おしてから、別《べつ》の場所《ばしょ》に移《うつ》りました。

▲ゴンズイの冬芽《ふゆめ》。何度《なんど》見てもカエルの目玉に見えてしまう。

春の公園には、見たいものがたくさんあります。それでふらりと、家を出てきました。

まずは新芽《しんめ》の観察《かんさつ》です。

この公園にある木でいちばん好《す》きなのは、ゴンズイです。冬芽《ふゆめ》は両側《りょうがわ》につきだしたカエルの目玉みたいなのに、新芽《しんめ》はバンザイをした赤ちゃんを思わせます。

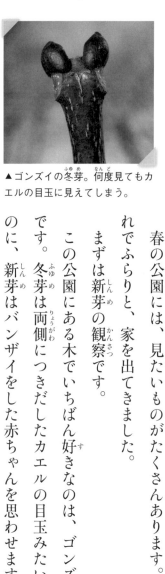

ブロッコリーのようにこんもりした新芽《しんめ》は、骨折時《こっせつじ》のそえ木に利用《りよう》されたニワトコ。毛皮《けがわ》のコートみたいな「芽鱗《がりん》」をぬぎすて、大きな純《じゅん》白《ぱく》の花を見せてくれるのはコブシです。

足元では、じゅうたんをしいたように広がるシロツメクサが白い花をさかせます。タチツボスミレもあちこちに、むらさき色の花を広げています。

草木がめざめると、虫たちもじっとしていません。ナミテントウは木々《きぎ》のあちこちに黄色い卵《たまご》を産《う》みつけ、ビロードツリアブは長いくちを花のおくに差《さ》し入れて、あまいみつをすっていきます。

そうした顔なじみの草木や虫を観察《かんさつ》している

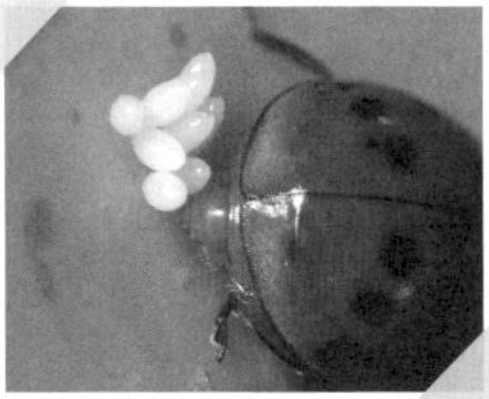

▲細い米つぶのような卵《たまご》を産《う》むナミテントウ。

▲ボールのような白い花をさかせるシロツメクサ。

▲ブロッコリーのようなニワトコの新芽《しんめ》。

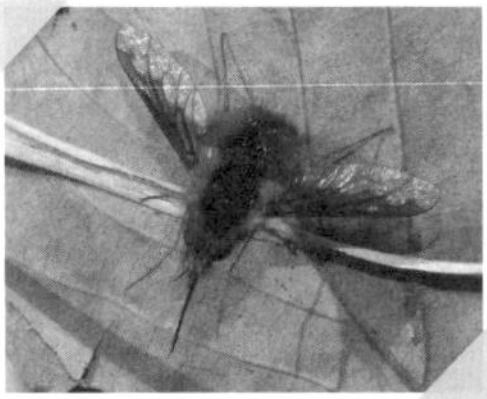

▲体のわりにくちが長いビロードツリアブ。

▲春になって花を見るのが待《ま》ち遠しいタチツボスミレ。

▲いち早く春のおとずれを教えてくれるコブシの花。

と、時間が早く過《す》ぎるように感《かん》じられてなりません。気がつくともう、ストロボをつけないと写真《しゃしん》が撮《と》れない時間です。しかたなくぼくは、家に向《む》かって歩きだしました。

それから数日後。

散歩《さんぽ》に出かけたぼくは、お寺のそばの木でそのイモムシにまた出会いました。胸《むね》ぐらいの高さの小さな木で、テントウムシがいたので写《しゃ》真《しん》を撮《と》ろうとしたときに見つけました。公園で見たのと区別《くべつ》するため、「緑《みどり》のナメクジ二号《ごう》」とでも呼《よ》びましょう。二回目なので、いくらか落《お》ち着《つ》いて観察《かんさつ》できます。

「二号《ごう》」の背中《せなか》には、青白いちいさな突起《とっき》がありました。ねじを思わせる形ですが、かたい感《かん》じはしません。突起《とっき》は、若草色《わかくさいろ》の背中《せなか》の帯《おび》をはさんで四対《つい》。左右に

▶近所《きんじょ》の寺の大きなエノキ。幼虫《ようちゅう》は分かれて生える小さな木にいた。

▲お寺のそばで見つけた「緑《みどり》のナメクジ２号《ごう》」。

▲「国チョウ」になっているオオムラサキの幼《よう》虫《ちゅう》。「緑《みどり》のナメクジ」に似《に》るが、どこかちがう。

あるので、合わせると全部《ぜんぶ》で八つです。頭のどこかにあったきおくが、ふっと、よみがえりました。

――もしかしたら、オオムラサキの幼虫《ようちゅう》かもしれないぞ！

オオムラサキは、日本を代表《だいひょう》する「国チョウ」です。金属《きんぞく》のようにかがやく青むらさき色のはねで、力強く空をかけぬけます。七十五円普通《ふつう》切手や四十円記念《きねん》切手のデザインに採用《さいよう》されたこともある、有名《ゆうめい》なチョウです。

美《うつく》しくたくましいチョウなのですが、幼虫《ようちゅう》を野外で見たことはありません。それなのに、もしかしてオオムラサキの幼虫《ようちゅう》かもしれないと思ったのは、人工飼育《しいく》しているところで見せてもらったことがあるからです。

でもそれは、茶色でした。角《つの》はありましたが、今回見た二匹《ひき》の「緑《みどり》のナメクジ」のように立派《りっぱ》なものではありません。背中《せなか》に若草色《わかくさいろ》の帯《おび》はなく、両側《りょうがわ》が赤くなっていたきおくもありません。

からだの色や角《つの》の形もちがうのにオオムラサキの幼虫《ようちゅう》を思い出したのは、全体《ぜんたい》の印象《いんしょう》が似《に》ていたからです。どちらも、なんとなくナメクジを想像《そうぞう》させる体形です。

目の前にいる「緑《みどり》のナメクジ二号《ごう》」がもしもオオムラサキの幼虫《ようちゅう》だったら、ぼくにとっては大ニュースです。

——落《お》ちつけ！　とにかく写真《しゃしん》だ。

自分に言い聞かせ、写真《しゃしん》を何枚《なんまい》か撮《と》りました。神奈川県《かながわけん》に住《す》む友人はチョウにくわしく、全国各地《ぜんこくかくち》へ採集旅行《さいしゅうりょこう》に出かけたり、卵《たまご》から育《そだ》てたりしています。

その日の夜。名前のわからない「緑《みどり》のナメクジ」たちの写真《しゃしん》をメールで、その友人に送《おく》りました。すると三〇分もしないうちに返信《へんしん》がありました。

〈写真《しゃしん》、見ました。アカボシゴマダラの幼虫《ようちゅう》ですね。春型《はるがた》はそんな色やもようです。このごろ、よく見るようになった外来種《がいらいしゅ》ですよ。〉

ぼくが見つけた「緑《みどり》のナメクジ」は二匹《ひき》とも、そのアカボシゴマダラという

チョウの幼虫《ようちゅう》でした。

名前がわかればしめたものです。ぼくはさっそく、そのとき持《も》っていたチョウの図鑑《ずかん》を開《ひら》きました。

友人は迷《まよ》うことなく、アカボシゴマダラの幼虫《ようちゅう》だと教えてくれました。しかも春型《はるがた》だと。ところがその図鑑《ずかん》に成虫《せいちゅう》は載《の》っていても、ぼくが見た幼虫《ようちゅう》の写真《しゃしん》はありません。

▲はねがのびきったキアゲハの成虫《せいちゅう》。さなぎから羽化《うか》したばかりの〝生まれたて〟だ。

チョウの仲間《なかま》には、あらわれる時期《じき》によって春型《はるがた》と夏型《なつがた》があることは知っています。わが家の庭《にわ》にはミツバやアシタバがあちこちに生えていて、キアゲハが毎年、大量《たいりょう》に発生《はっせい》します。

春になるとどこかから飛《と》んできた成虫《せいちゅう》が卵《たまご》を産《う》み、その卵《たまご》からかえった幼虫《ようちゅう》は葉《は》を食べてさなぎになり、いつの間にか羽化《うか》して飛《と》び去《さ》ります。だからぼくは、「食い逃《に》げのチョウ」と呼《よ》んでいます。

キアゲハの場合、春型《はるがた》と夏型《なつがた》のちがいは大きさや色合いなどにあらわれます。それと同じようなことが、アカボシゴマダラでも見られるのでしょうか。

友人には、よく見るようになった外来種《がいらいしゅ》だともいわれました。

▲しましまもようのキアゲハ幼虫《ようちゅう》。派手《はで》なのに、葉《は》にかくれると見つからない。

だとしたらいつごろから日本にいるのでしょう。千《ち》葉《ば》ではいつから見られるようになったのでしょう。どんな生活をしているのでしょうか。

初《はじ》めてに目にした「緑《みどり》のナメクジ」の正体がわかると、疑問《ぎもん》がいくつもわいてきます。イモムシは苦手《にがて》なぼくですが、せっかくの機会《きかい》だからと、アカボシゴマダラについてもっと調《しら》べることにしました。

2 おどろきのそっくりさん

アカボシゴマダラがいた公園は、わが家から徒歩《とほ》五分の「ご近所《きんじょ》」です。いつもの散歩《さんぽ》コースに入っているので、虫や草木の観察場所《かんさつばしょ》に最適《さいてき》です。

——一週間もたっていないから、きっとまだいるだろうな。ぼくはなんの疑《うたが》いもなく、そのとき見た葉《は》の近くにいるだろうと思いました。

ところが、いくらさがしても、あの幼虫《ようちゅう》は見つかりません。どこかに移動《いどう》して、さなぎになったのでしょうか。だとしたら、幼虫《ようちゅう》をさがす以上《いじょう》に見つけるのがむずかしくなります。

もしかしたら、鳥に食べられたのかもしれません。前にとまっていた葉《は》を中心にしっかりさがしたのですが、どうしても見つけられません。あきらめるしかないようです。

▲散歩《さんぽ》コースのひとつ、近所《きんじょ》の公園。セミのぬけがらでもあるとうれしくなる。

――しかたがない。お寺の方を見てみるかな。

二匹《ひき》目の幼虫《ようちゅう》がいたところへ行きました。

しかし、そこからも消《き》えていました。

あみを張《は》るクモなら、同じ場所《ばしょ》でじっとしています。だからクモは、観察《かんさつ》しやすい生きものだといえそうです。チョウや蛾《が》の幼虫《ようちゅう》は、そうもいきません。えさになる葉《は》がなくなれば、別《べつ》のところに引っ越《こ》します。わが家で育《そだ》つキアゲハと同じことが起《お》きていても、おかしくありません。

理由《りゆう》はともあれ、二匹《ひき》のアカボシゴマダラの幼虫《ようちゅう》は姿《すがた》を消《け》しました。次《つぎ》の機会《きかい》がいつなのかわかりませんが、その日のためにアカボシゴマダラの勉強《べんきょう》を続《つづ》けることにしました。

神奈川県《かながわけん》の友人が教えてくれたように、アカボシゴマダラはむかしから日本にいたチョウではありません。それで「外来種《がいらいしゅ》」と呼《よ》ばれます。国内には二〇〇〇

▲網《あみ》をはってえものがかかるのを待《ま》つコガネグモ。大型《おおがた》でよく目立つ。

▲ダンゴムシを捕《つか》まえたヨコヅナサシガメ。

▲牛のように太い鳴き声が特《とく》ちょうのウシガエル。

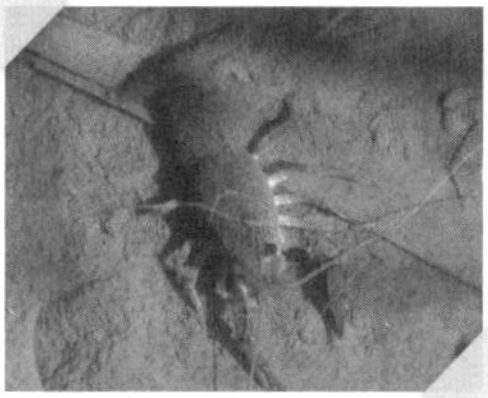

▲各地《かくち》でふえすぎてこまっているアメリカザリガニ。

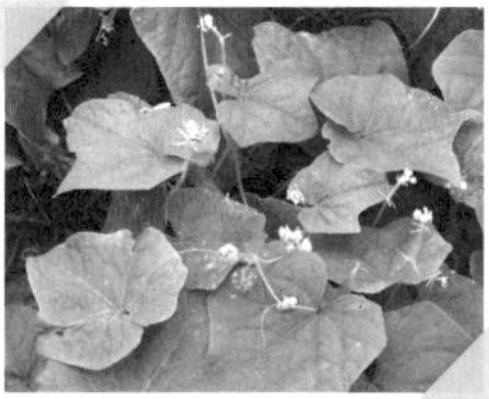

▲キュウリやメロンに似《に》た葉《は》をしげらせるアレチウリ。

▲カメといえば、このアカミミガメがふつうになった。

をこす外来生物《がいらいせいぶつ》がいて、自然生態系《しぜんせいたいけい》や農《のう》林水産業《りんすいさんぎょう》、人びとの生活に影響《えいきょう》をあたえているといわれます。

外来種《がいらいしゅ》といえば以前《いぜん》は、外国から入ってきたものだけを指《さ》す用語でした。ところが近年は、国内の移動《いどう》による「国内外《がい》来種《らいしゅ》」の例《れい》もふえているようです。

ぼくの周辺《しゅうへん》だけでもアメリカザリガニ、アカミミガメ、ウシガエル、スクミリンゴガイ（ジャンボタニシ）、オオキンケイギク、ナガミヒナゲシ、アレチウリ、カダヤシ、ヨコヅナサシガメといった外来種《がいらいしゅ》が、当たり前のように姿《すがた》を見せます。そして新たに、アカボシゴマダラが加《くわ》わりました。

アメリカザリガニやウシガエルのように人間がわざわざ

持《も》ちこんだものがあれば、知らないうちに入っていたものもあり、外来種《がいらいしゅ》の侵入《しんにゅう》事情《じじょう》はそれぞれです。このごろは急速《きゅうそく》に生きものの外国化《がいこくか》がすすんでいるようで、とても気になります。

図鑑《ずかん》では、アカボシゴマダラをこんなふうに説明《せつめい》していました。

〈中国大陸《ちゅうごくたいりく》を原産《げんさん》とするタテハチョウ科のチョウ。はねを開《ひら》いた大きさは、五センチメートルぐらい。幼虫《ようちゅう》はエノキの葉《は》をえさにする。一九九五年に埼玉県《さいたまけん》、一九九八年に神奈川県《かながわけん》で記録《きろく》されてから分布《ぶんぷ》を広げ、関東《かんとう》地方や静岡《しずおか》、山梨《やまなし》、長野《ながの》、福島《ふくしま》の各県《かくけん》や西日本で見つかっている。〉

アカボシゴマダラがいた木は、どうやらエノキのようです。そしてエノキの葉《は》をえさにするチョウとしてぼくが知るのは、「国チョウ」のオオムラサキだけでした。

千葉《ちば》市内でオオムラサキを見ることができるのか、引っ越《こ》してきたばかりのころ、虫にくわしい

▲大きく育《そだ》ったエノキは、神《かみ》が宿《やど》る「神木《しんぼく》」とされることも多い。

▲オオムラサキのオス。「国チョウ」にふさわしく立派《りっぱ》で、はねが美《うつく》しい。

人に聞いたり、本で調《しら》べたりしました。すると、可《か》能性《のうせい》は低《ひく》いものの、いたという情報《じょうほう》が得《え》られました。

――オオムラサキはいるんだ！

正確《せいかく》にいえば、「過去《かこ》にはいた」という記録《きろく》があっただけなのですが、うれしくなってさがしまわった時期《じき》があります。

チョウにくわしい人たちは、その幼虫《ようちゅう》がえさにする植物《しょくぶつ》をよく知っています。知識《ちしき》がないと、飼《か》うことができないからです。でも、イモムシが苦手《にがて》なぼくは、幼虫《ようちゅう》がえさにするエノキを見分けることさえできないありさまでした。それで「エノキ」という名札《なふだ》がかかった木を見るたびに、必死《ひっし》になってさがしました。

しかし、まったく見つかりません。それもそのはず、オオムラサキは国が準絶《じゅんぜつ》滅危惧種《めつきぐしゅ》に指定《してい》し、千葉県《ちばけん》も重要保護生物《じゅうようほごせいぶつ》として、守《まも》るべきチョウのひとつに数えています。つまり生息数《せいそくすう》は少なく、県内《けんない》で見つかる可能性《かのうせい》は低《ひく》いということでしょう。

しばらくして、エノキの葉《は》を食べるチョウにはもう一種《いっしゅ》、ゴマダラチョウがいることも知りました。オオムラサキのような派手《はで》さはなく、黒っぽいはねに、白い斑点《はんてん》を散《ち》りばめたようなチョウです。

ぼくは、「オオムラサキが無理《むり》なら、ゴマダラチョウでもいいや」という気持《きも》ちでさがしました。それなのにオオムラサキと同じで、ゴマダラチョウもまったく見つかりません。調《しら》べてみたら、ゴマダラチョウも県《けん》の要保護生物《ようほごせいぶつ》に指定《してい》されていました。エノキの葉《は》をえさにすることはわかっていても、かんたんに見つかるチョウではないようです。

こんなふうに知らないことが多かったのですが、本で調《しら》べたり友人にたずねたりしたおかげでわかったことがあります。オオムラサキ、ゴマダラチョウ、アカボシゴマダラの三種《しゅ》がエノキの葉《は》をえさにするのです。

▲ゴマダラチョウ。黒っぽいはねに、ゴマを散《ち》りばめたようなチョウだ。

とはいえ、わが家の近くで見られるのは、外来種《がいらいしゅ》のアカボシゴマダラだけだということも同時に知りました。

調《しら》べた中に、こんな情報《じょうほう》もありました。

〈奄美大島《あまみおおしま》、徳之島《とくのしま》など鹿児島県《かごしまけん》の奄美諸島《あまみしょとう》には、日本在来《ざいらい》のアカボシゴマダラがいる。〉

これには、おどろきました。奄美諸島《あまみしょとう》だけという地域限定《ちいきげんてい》になりますが、アカボシゴマダラは外来種《がいらいしゅ》である一方で、日本の在来種《ざいらいしゅ》でもあるのです。しかしその数は少なく、オオムラサキと同じ国の準絶滅危惧種《じゅんぜつめつきぐしゅ》に指定《してい》されています。そうなると、国内で多くの人が目にするアカボシゴマダラはほぼ外来種《がいらいしゅ》ということになるようです。

それにしても、外来種《がいらいしゅ》のアカボシゴマダラはどうやって

▲木の幹《みき》に、はねを開《ひら》いてとまったオオムラサキ。

▲カブトムシと仲良《なかよ》く樹液《じゅえき》をすうオオムラサキ。

日本にすむようになったのでしょう。

考えられるのは、大きく分けて二つ。だれかが国内に持《も》ちこんだか、何かの荷《に》物《もつ》にまぎれこんで入ったということです。

これは難問《なんもん》です。

そう思ったら、ほぼ定説《ていせつ》とされるものがありました。どこのだれということまではわからないのですが、中国からこっそり持《も》ちこんだ卵《たまご》かさなぎを野外に放《はな》した人がいるそうです。そうした行いをあらわす「放《ほう》チョウゲリラ」ということばまであり、ホソオチョウというアゲハチョウ科のチョウも、韓《かん》国《こく》からだれかが持《も》ちこんだものだとされています。

国内にはジャコウアゲハがいて、ホソオチョウと同じウマノスズクサをえさにします。ジャコウアゲハも一部《いちぶ》の地域《ちいき》では絶滅《ぜつめつ》が心配《しんぱい》されていますが、わが家の庭《にわ》には毎年やってきます。ホソオチョウを近所《きんじょ》で見たことはあ

▲ホソオチョウのオス。はねが白っぽく、長い〝しっぽ〟がよく目立つ外来種《がいらいしゅ》だ。

りませんが、この両種《りょうしゅ》がいるところに生えているウマノスズクサの葉《は》はうばい合いになるそうです。そうなると、前からえさ場にしていたジャコウアゲハは困《こま》ります。

アカボシゴマダラやホソオチョウを国内に持《も》ちこんだのは、身近《みぢか》なところで繁殖《はんしょく》させて飛《と》ぶすがたが見たい、近くで採集《さいしゅう》したいという身勝手《みがって》な思いからでしょう。その人の願《ねが》いがかなったとしても、もともとすんでいる生きものは大迷惑《だいめいわく》です。えさのうばい合いだけでなく、めぐりめぐって、そのほかの動植物《どうしょくぶつ》にも影響《えいきょう》が出てきます。決《けっ》して、まねをしてはいけません。

――だけどなあ。

ぼくはここでちょっと、なやみました。

アカボシゴマダラのえさになる木は、エノキです。近くに在来種《ざいらいしゅ》のオオムラサキやゴマダラチョウがいれば、えさのうばい合いになるかもしれません。ところ

▲ホソオチョウのメス。アゲハチョウに似《に》た黒っぽいはねだが、〝しっぽ〟が長すぎる！

▲エノキの大木《たいぼく》。これだけ大きいと、葉《は》もたくさんある。

が、ぼくの近所《きんじょ》で見るかぎり、競争相手《きょうそうあいて》になるこれら二種《しゅ》のチョウはいないようです。アカボシゴマダラがふえても、エノキの葉《は》を食べるチョウがほかにいなければ、問題《もんだい》ないようにも思えてきます。

——うーん。なやましいなあ。

その答えを出すためにも、アカボシゴマダラともっと付《つ》き合うべきだと思いました。

そのためにはまず、幼虫《ようちゅう》のえさになるエノキが見分けられないといけません。樹木《じゅもく》の図鑑《ずかん》を持《も》ちだし、よく似《に》たケヤキやムクノキとのちがいを覚《おぼ》えることから始《はじ》めました。

アカボシゴマダラ研究《けんきゅう》の初《はじ》めの一歩です。

——さあ、やるぞ！

ぼくは心の中で気合いを入れました。

3 研究《けんきゅう》助手《じょしゅ》あらわる

身近《みぢか》な生きものが好《す》きなぼくは、「プチ生物研究家《せいぶつけんきゅうか》」として、虫の観察《かんさつ》や飼育《しいく》をしています。

「プチ」というのは「小さい」という意味《いみ》で、手のひらサイズの虫に興味《きょうみ》があります。そうした小さな虫たちの自由研究《じゆうけんきゅう》のようなこともするので、「プチ研究《けんきゅう》」の意味《いみ》も持《も》たせた冗談《じょうだん》半分の肩書《かたがき》です。虫たちに教えてもらったことを、読み物《もの》や絵本にしています。

その一方で、農業《のうぎょう》のようすを伝《つた》えるための取材《しゅざい》もして、新聞や雑誌《ざっし》に記事《きじ》を書く仕事《しごと》もしていました。アカボシゴマダラをもっと知りたいと思ったころは、そのほかの仕事《しごと》がいそがしい時期《じき》でもありました。

毎週のように全国各地《ぜんこくかくち》をたずね、取材《しゅざい》をして記事《きじ》を書いていました。アカボシゴマダラに興味《きょうみ》を持《も》ったのに、なかなか手がつけられない状態《じょうたい》でした。

アカボシゴマダラをさがす時間がとれません。でも本で調《しら》べて、アカボシゴマダラは五月から一〇月にかけて、年に三回か四回発生《はっせい》するチョウだと知りました。ということは、観察《かんさつ》のチャンスは一年に何度《なんど》もあるということです。

――だったらまあ、あわてることもないか。

そんなふうに思いなおしました。

でもそれは、大きなまちがいでした。

時間が空《あ》くと、苦手《にがて》なイモムシであるアカボシゴマダラの幼虫《ようちゅう》さがしではなく、浜辺《はまべ》にいるハマダンゴムシやコツブムシ、ウスバカゲロウの幼虫《ようちゅう》である「アリジゴク」、メダカ、ミミズなどの飼《し》育《いく》や観察《かんさつ》に時間を使《つか》うことが多くなりました。

そうなると、アカボシゴマダラのことはすっかり忘《わす》れます。もともと、たった二回、それもちらっと見ただけのイモムシです。

ほかの生きものに目が向《む》くのは、しかたのないことでした。

時間はどんどん過《す》ぎて、アカボシゴマダラにふたたび目が向《む》い

▲ウスバカゲロウの幼虫《ようちゅう》。あだ名は「アリジゴク」だ。

▲海岸《かいがん》にいるコツブムシ。ダンゴムシに似《に》ている。

▲浜辺《はまべ》にすむハマダンゴムシのもようは、変化《へんか》にとむ。

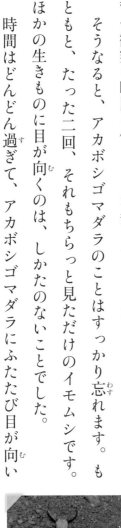

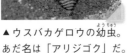

▲はねが茶色の小型《こがた》のチョウ、カバタテハ。

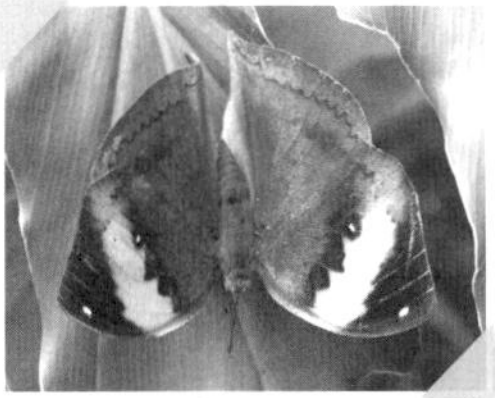

▲はねを閉《と》じると木の葉《は》そっくりのコノハチョウ。

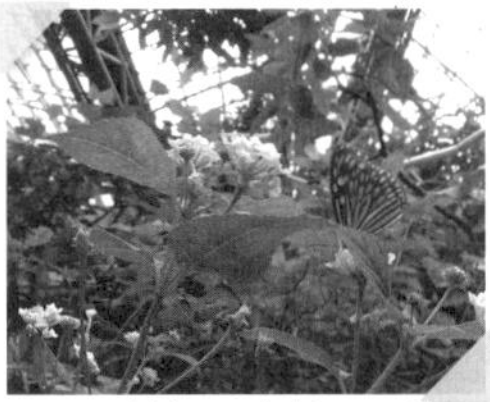

▲古い温室《おんしつ》を利用《りよう》した昆虫《こんちゅう》ハウス。

▲独特《どくとく》のにおいがするジャコウアゲハ。

▲いかにも南国のチョウらしいカバマダラ。

▲ツマベニチョウ。はねを開《ひら》くと美《うつく》しさがきわだつ。

たのは、虫好《ず》きの孫《まご》が小学校に入学した二〇一七年の夏でした。

　ある土曜日。そのころ成田市《なりたし》にあった昆虫《こんちゅう》ハウスへ、遊《あそ》びがてら出かけました。

「チョウがいっぱいいる！」

　ハウスに入ってすぐ、孫《まご》が大きな声を上げました。

　古いハウスがチョウの温室《おんしつ》になっていて、ツマベニチョウやコノハチョウ、カバマダラ、カバタテハといった、沖縄《おきなわ》にでも行かないと見られないような南方系《なんぽうけい》のチョウが放《はな》し飼《が》いにされていました。そのほかに、オオムラサキやジャコウアゲハ、ナガサキアゲハなども飛《と》んでいました。

そこになんと、アカボシゴマダラもまじっていたのです。

久《ひさ》しぶりの再会《さいかい》です。しかも幼虫《ようちゅう》だけでなく、成虫《せいちゅう》までいました。初《はじ》めて見る成虫《せいちゅう》の後ろばねには、アカボシゴマダラという名前の通り、赤い星がいくつかならんでいます。

標本《ひょうほん》で見たゴマダラチョウによく似《に》ていました。だからどちらにも、「ゴマダラ」ということばが付《つ》いているのでしょう。

「きれいだなあ。」

感激《かんげき》した孫《まご》がつぶやきました。

「外来種《がいらいしゅ》といってね、もともとは日本にいなかったチョウなんだよ。」

ぼくがかんたんに説明《せつめい》します。

「へえ、そうなの。でも、カッコいいなあ。」

すっかり気に入ったようです。

▲展示《てんじ》されていたさなぎから羽化《うか》したばかりのアカボシゴマダラ。

正直なところ、ぼくも同じ思いでした。外来種《がいらいしゅ》だとわかっていても、この赤い星にはつい、引きこまれます。

昆虫《こんちゅう》ハウスにはタイミング良《よ》く、羽化《うか》したばかりのアカボシゴマダラもいました。少しずつ、はねに体液《たいえき》を送《おく》りこんでいるのでしょう。はねはまだ、伸《の》びきっていません。

「生まれたばかりのチョウだね。」

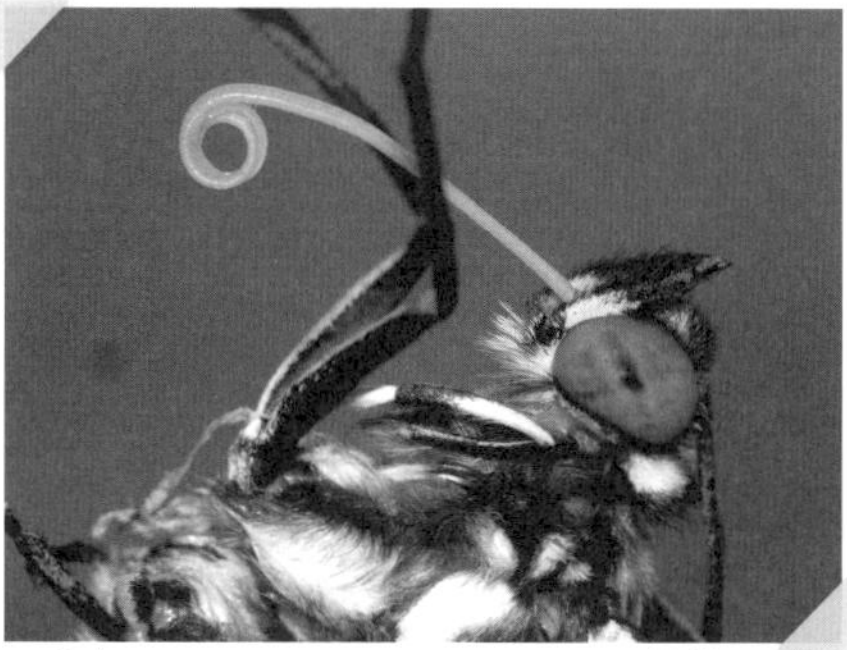

▲羽化《うか》したてのアカボシゴマダラが口吻《こうふん》を伸《の》ばしたところ。

「くちが、ぐるぐるなんだね。」

孫《まご》が、見た感《かん》じをそのまま、ことばにしました。

その通りです。正式《せいしき》には「口吻《こうふん》」と呼《よ》ぶストロー状《じょう》のくちが、ぜんまいみたいに巻《ま》いています。

多くのチョウがそうですが、口吻《こうふん》は花のみつをすうときに伸《の》ばします。そしてみつのありかをさがしだし、ストローでジュースを飲《の》むようにしてすい上げます。

アカボシゴマダラの幼虫《ようちゅう》、オオムラサキの幼虫《ようちゅう》、スミナガシの幼虫《ようちゅう》と、イモムシの仲間《なかま》もたくさんいました。

「指《ゆび》にとまらせてみる？」

案内《あんない》の人にたずねられると、孫《まご》は小さくうなずきました。

アカボシゴマダラの成虫《せいちゅう》が指《ゆび》にとまると、目を細めてうれしそうにながめています。

「チョウが好《す》きなの？」

案内《あんない》の人が聞きます。

「うん。」

「だったら、幼虫《ようちゅう》もさわってみる？」

アカボシゴマダラの幼虫《ようちゅう》だと思ったのですが、案内《あんない》の人は地面《じめん》をはっていたカバタテハの幼虫《ようちゅう》をひろい上げ、孫《まご》の手にのせました。

二本の角《つの》があり、見た目にはイモムシというよりもケムシです。ぼくは思わず、

▲孫《まご》の指《ゆび》につかまるアカボシゴマダラ。羽化《うか》したばかりで、トコトコと歩いた。

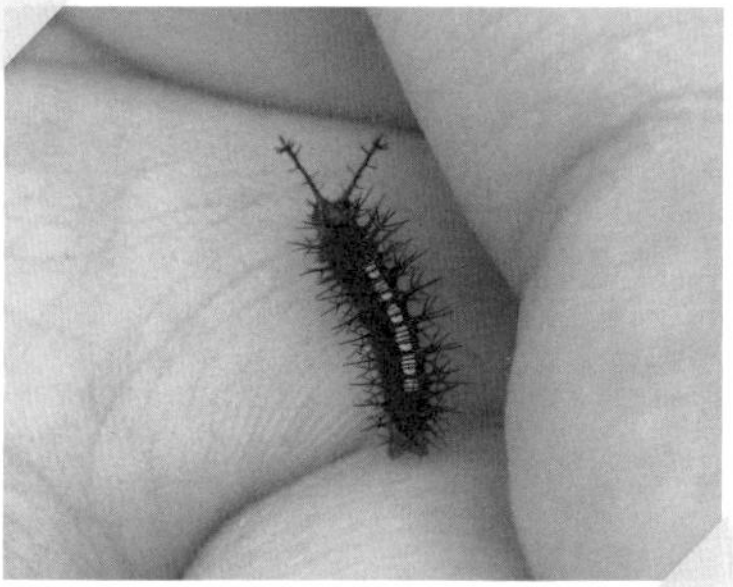

▲カバタテハの幼虫《ようちゅう》は、ケムシ型《がた》。幼虫《ようちゅう》類《るい》が好《す》きな孫《まご》は、平気《へいき》で手にのせた。

目をそむけたくなりました。

ところが孫《まご》は平然《へいぜん》として、手にのったケムシたちを見ています。三匹《びき》ものっているのに、おそれることもおびえることもありません。

　カブトムシやクワガタムシ、ゾウムシなどが好《す》きなことは知っていました。虫が好《す》きだといって、昆虫図《こんちゅうず》鑑《かん》を熱心《ねっしん》に読んでいるすがたは何度《なんど》も見ています。でもまさか、ケムシが手にのっても平気《へいき》だなんて、おどろきです。

「すごいなあ。勇気《ゆうき》があるんだね。」

「だって、かわいいもん。」

　同じ虫好《ず》きでも、ぼくと孫《まご》の好《この》みは異《こと》なるようです。

　小学一年生なのに、学校では「虫はかせ」とよばれています。いたずらっ子でもこわがりそうなケムシを見てうれしそうな顔をするなんて、ぼくにはとてもできません。イモムシやケムシが平気《へいき》でさわれるのは、ぼく以上《いじょう》の特技《とくぎ》だと思えま

した。

「もういつでも、じいちゃんの助手《じょしゅ》になれるなあ。よろしくたのむよ。」

「うん。」

じょうだんのつもりで言ったのですが、孫《まご》はすっかり、本気のようでした。

▲葉《は》にとまったアカボシゴマダラ。うまい具合《ぐあい》に、はねのうらが撮影《さつえい》できた。

▲羽化《うか》したてのアカボシゴマダラを手にとまらせてもらった孫《まご》。うれしそうだ。

4 いつのまにかご近所《きんじょ》さん

「なるほどなあ。よく似《に》ているエノキとケヤキとムクノキの葉《は》だけど、やっぱり、ちょっとずつちがうんだなあ。」

ぼくはひとりごとを言いながら、木の葉《は》を見比《みくら》べました。三種類《しゅるい》ともよく似《に》ています。でも、葉《は》のすじや葉《は》のふちのギザギザ感《かん》、手ざわりなどがちょっとずつちがいます。それぞれの特《とく》ちょうをとらえれば、どうにか区別《くべつ》できそうな気がしてきました。

アカボシゴマダラの幼虫《ようちゅう》を初《はじ》めて見てから二年が過《す》ぎ、ぼくはようやく、本気になって調《しら》べることにしました。ミミズやメダカの観察《かんさつ》や飼育《しいく》という〝寄《よ》り道〟をしましたが、ちょっとしたきっかけでふたたび、アカボシゴマダラに興味《きょうみ》がわきました。その初《はじ》めの一歩が、先のばし

▲ケヤキの葉《は》。先がとがり、葉《は》のふちはぎざぎざ。

▲ムクノキの葉《は》。表面《ひょうめん》が、やすりみたいにざらつく。

▲エノキの葉《は》。左右がまったく同じではなく、少しずれている。

▲エノキの大木《たいぼく》を見上げた。若葉《わかば》のころは、とても美《うつく》しい。

になっていた、エノキを見分けることでした。

なんとなくながめていたときには、どれも同じような木に見えました。それで一本の木の前に立って、「はて、これは何の木かなあ」となやみました。

でも、もうだいじょうぶです。

エノキの葉《は》は、つやつやした感《かん》じです。ムクノキの葉《は》はざらざらで、むかしの子どもたちがつめをみがく遊《あそ》びに使《つか》ったり、木材《もくざい》の表面《ひょうめん》をなめらかにするやすりの代《か》わりにしたということがよくわかります。ケヤキの葉《は》にはそれほど大きな特《とく》ちょうがないのですが、遠くから見ると逆《さか》さにした竹ぼうきみたいな樹形《じゅけい》なので、区別《くべつ》できる自信《じしん》がつきました。

「木は見分けられるようになったし、さて、幼虫《ようちゅう》をさがすかな。」

▲ムクノキの葉《は》。ざらざらしているので、やすりの代《か》わりになる。

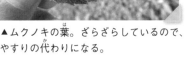

エノキを知ることは、アカボシゴマダラ観察《かんさつ》の第《だい》一歩です。

四月も下旬《げじゅん》に入り、もうすぐゴールデンウイークです。初《はじ》めて見た時期《じき》と同じなので、タイミング的《てき》にもばっちりです。

ぼくの作戦《さくせん》はこうです。

一、幼虫《ようちゅう》がえさにするエノキを近所《きんじょ》で見つける。

二、えさを食べている幼虫《ようちゅう》をさがす。

三、飼育《しいく》して、成虫《せいちゅう》になるまでを観察《かんさつ》する。

作戦《さくせん》というわりには、たいしたことではありません。

虫の観察《かんさつ》では当たり前に近いことでしょう。

でも、イモムシが苦手《にがて》なぼくにとって、チョウの幼虫《ようちゅう》の飼育《しいく》にはけっこうな勇《ゆう》気《き》と覚悟《かくご》がいります。エノキは見分けられるようになったものの、頭に角《つの》、背中《せなか》に突起《とっき》がある「緑《みどり》のナメクジ」を飼《か》うことはできるのでしょうか。

モンシロチョウやアゲハチョウの幼虫《ようちゅう》は、子どもたちが自由研究《じゆうけんきゅう》でよく取《と》り上げる虫です。イモムシの中では、初心者《しょしんしゃ》向《む》きだと思います。

でも、とりあえずは虫好《ず》きのぼくでさえ、アカボシゴマダラというチョウを知ってから、まだ二年しかたっていません。おそらく、知っている人は多くないチョウです。

しかも、幼虫《ようちゅう》の見た目は「緑《みどり》のナメクジ」です。それが家の中、机《つくえ》の前にいたら、どんな気分になるのでしょう。

「だいじょうかなあ。飼育《しいく》はこの作戦《さくせん》の中で、もっとも重要《じゅうよう》なんだけどなあ。」

幼虫《ようちゅう》を見つけたわけでもありません。それなのに見つけたあとの飼育《しいく》のことを思うと、早くも不安《ふあん》になりました。

そのとき、頼《たの》もしい助手《じょしゅ》が声をかけてくれました。

「ぼく、アカボシゴマダラを飼《か》ってみたいなあ。」

昆虫《こんちゅう》ハウスでぼくをおどろかせたように、ケムシを手に乗《の》せても平気《へいき》な孫《まご》です。ぼくが幼虫《ようちゅう》をさがすつもりだと話すと、自分も飼《か》ってみたいと言いだしました。

「ヘンな幼虫《ようちゅう》だよ。」

「うん。図鑑《ずかん》で見たよ。飼《か》ってみたい！」

それならということで、いっしょにさがすことにしました。最初《さいしょ》の調査地《ちょうさち》は、いつもの公園です。ぼくの家と孫《まご》の家のあいだにあるので、どちらからも行きやすい場所《ばしょ》です。

ぼくはさっそく、学んだばかりのエノキの葉《は》の見分け方を教えました。小学一年生にはむずかしいような気もしたのですが、「昆虫《こんちゅう》はかせ」にはなんでもないことでした。

「つやつやした葉《は》っぱがエノキだね。もうおぼえたよ。」

そう言ったかと思うと、公園に生えているたくさんの木から、すぐに一本のエノキを見つけだしました。

見のがしがないように、ふたりで葉《は》のすみずみまで、しっかりさがします。オオムラサキとゴマダラチョウの幼虫《ようちゅう》もエノキの葉《は》を食べますが、どちらも見つかる可能性《かのうせい》はほぼゼロです。それらしい幼虫《ようちゅう》がいたら、アカボシゴマダラだと思ってよさそうです。

でも念《ねん》のため、三種《しゅ》の幼虫《ようちゅう》の見分け方をハンドブックの写真《しゃしん》でたしかめました。

▲公園のわきの道にも、低《ひく》いエノキがよく生えている。

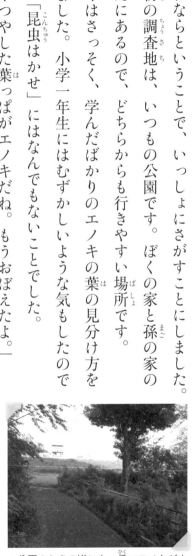

アカボシゴマダラの背中《せなか》の突起《とっき》は四対《つい》、つまり八つです。そして、ふたつに分かれたおしりの先は、オオムラサキ、ゴマダラチョウとちがって閉《と》じています。

とはいえ、すぐに見つけるのはさすがに無理《むり》でしょう。いまの家に住《す》むようになって二十数年になるぼくだって、近所《きんじょ》で目にしたのは二年前が最初《さいしょ》です。

「いないね。」

「そうだなあ。」

がっかりしていいはずですが、そうかんたんには見つからないと思っているので、しかたがないと思いました。

エノキはそれから、何本も見つかりました。公園に何本の木が植《う》えてあって、そのうちの何本がエノキなのかは知りません。それでも木の見分け方を知ったからか、エノキは意外《いがい》に身近《みぢか》にある木だなあと思いました。

「中学校のうらに行ってみようか。」

「うん。」

▲よく見ると、アカボシゴマダラ幼虫《ようちゅう》の背中《せなか》の突起《とっき》は空色だ。

▲アカボシゴマダラの幼虫《ようちゅう》のおしりの先は閉《と》じている。

そこも、いつもの散歩《さんぽ》コースに入っています。田んぼが何枚《なんまい》かあって、そのわきの道にはいろいろな草木が生えています。

エノキらしい木に気づくと立ちどまり、注意深《ちゅういぶか》く葉《は》を調《しら》べて、次《つぎ》の木に移《うつ》ります。

ケヤキもムクノキもありました。でもそれらと同じくらい、エノキも生えていました。

ぼくの胸《むね》ぐらいの高さのエノキがありました。その日に目にした、何本目かのエノキです。

すると――。

「じいちゃん、いた！　これ、そうだよ！」

孫《まご》が興奮《こうふん》した声を上げました。

「どこ？　どこにいる？」

小さな指《ゆび》の先に、「緑《みどり》のナメクジ」がたしかにいました。

▲近所《きんじょ》で見つけた幼虫《ようちゅう》。アカボシゴマラの特《とく》ちょうにぴったりだった。

体長は、三センチメートルぐらいです。角《つの》が二本あって、背中《せなか》には緑色《みどりいろ》の帯《おび》。その両側《りょうがわ》は、赤っぽくなっています。背中《せなか》には四対《つい》の空色の突起《とっき》があり、おしりの先はすぼまっていました。

「やったな。大当たりだ！」

「でしょ。」

用意《ようい》してきた容器《ようき》に、葉《は》っぱごと幼虫《ようちゅう》を入れました。

孫《まご》はうれしそうに、ながめています。イモムシがほんとうに好《す》きなようです。幼虫《ようちゅう》が弱ったり病気《びょうき》になったりするといけないので、手でふれず、見るだけにするよう注意《ちゅうい》しました。

その発見《はっけん》ではずみがついたのか、見つけるコツがつかめたのか、続《つづ》けて二匹《ひき》、見つけることができました。

▲慣《な》れてくると、アカボシゴマラの幼虫《ようちゅう》がすぐに見つけられるようになった。

しかも最初《さいしょ》の一匹《いっぴき》がいた場所《ばしょ》から、十メートルもはなれていません。そのすぐとなりのエノキでも一匹《いっぴき》見つけました。

ぼくの家から五百メートルほどの場所《ばしょ》です。そんなご近所《きんじょ》に、三匹《びき》のアカボシゴマダラの幼虫《ようちゅう》がいたのです。

時間にして、二十分ぐらいでしょうか。さがしに出て、そんな短時間《たんじかん》で見つけられたのが信《しん》じられません。もっといたのかもしれませんが、三匹《びき》もいれば、まずは十分でしょう。

「ちゃんと育《そだ》つといいね。」

「ああ。」

作戦《さくせん》の最終目標《さいしゅうもくひょう》である飼育《しいく》ができるのです。

ほんとうはもっとよろこぶべきかもしれませんが、イモムシが苦手《にがて》なぼくは、うれしいような、そうでもないような複《ふく》雑《ざつ》な気持《きも》ちになりました。

▲飼育容器《しいくようき》から逃《に》げ出そうとしているアカボシゴマダラの幼虫《ようちゅう》。

5 葉《は》の上の子ネコ

背中《せなか》のまんなかを走る、緑色《みどりいろ》の帯《おび》。

その帯《おび》の両側《りょうがわ》には、赤いスプレーをふきつけたようなもよう。

そして、からだ全体《ぜんたい》に入るななめのすじ。

アカボシゴマダラの幼虫《ようちゅう》は、最初《さいしょ》に見たときから好《す》きになれないデザインでした。

外来昆虫《がいらいこんちゅう》は、日本国内でそれまでに見たことがない感《かん》じのものが多いようです。チョウでいえばホソオチョウがそうです。ほかに似《に》たチョウはいないので、ひと目でわかります。

ヨコヅナサシガメ、キマダラカメムシは近所《きんじょ》で目にする外来《がいらい》カメムシの代表種《だいひょうしゅ》ですが、どちらもやはり、在来種《ざいらいしゅ》のそっくりさんは少ないように思います。ヨコヅナサシガメの白と黒の組み合わせは、派手《はで》すぎます。キマダラカメムシの幼虫《ようちゅう》なんて、どう見ても周囲《しゅうい》の景色《けしき》になじみません。

アカボシゴマダラの幼虫《ようちゅう》もそう思います。

でも、ほかの外来昆虫《がいらいこんちゅう》とちがって、奄美《あまみ》諸島《しょとう》には在来種《ざいらいしゅ》のアカボシゴマダラがいます。生きている在来種《ざいらいしゅ》の幼虫《ようちゅう》も成虫《せいちゅう》も見たことはありませんが、写真《しゃしん》を見るかぎり、外見に大きな差《さ》はありません。そう考えるとアカボシゴマダラの幼虫《ようちゅう》のデザインが、ぼくの好《この》みに合わないだけかもしれません。

▲ヨコヅナサシガメ。白と黒のもようが目立つ。

▲キマダラカメムシの幼虫《ようちゅう》。独特《どくとく》のデザインだ。

見た目はともかく、心配《しんぱい》した幼虫《ようちゅう》の飼育《しいく》は順調《じゅんちょう》でした。

一度《いちど》おぼえてしまえば、エノキをほかの木とまちがえることはありません。しかもあちこちに生えていて、ほとんど苦労《くろう》せずに、幼虫《ようちゅう》のえさが集《あつ》められます。やわらかい葉《は》がついた枝《えだ》を数本切ってきて、小びんにさしてあたえます。すると幼虫《ようちゅう》たちはすぐに、むしゃむしゃと食べてくれます。食べっぷりがいいので、世話《せわ》のしがいはあります。

幼虫《ようちゅう》が好《す》きになれないといいながら、正面《しょうめん》から顔を見ると、かわいいと思えます。

見た感《かん》じは、子ネコです。

頭のわりに長い角《つの》はシカの角《つの》みたいですが、顔の横《よこ》の黒い点に気づくと、とたんに子ネコに見えてきます。

たてに三つならんだ黒い点は、単眼《たんがん》だそうです。モンシロチョウの幼虫《ようちゅう》「青虫」やアゲハチョウの幼虫《ようちゅう》の単眼《たんがん》は左右に六個《こ》ずつありますが、アカボシゴマダラの幼虫《ようちゅう》の場合は三個《こ》ずつです。

角《つの》の根《ね》もと、くちの両側《りょうがわ》は青色です。それもアクセントになって、幼虫《ようちゅう》の独特《どくとく》の〝表情《ひょうじょう》〟を生み出しています。

からだ全体《ぜんたい》を見ると、印象《いんしょう》は変《か》わります。だからぼくは、いつまでたっても苦手《にがて》です。それなのに正面《しょうめん》から見た頭を顔に見立てると、イモ

▲「青虫」と呼《よ》ばれるモンシロチョウの幼虫《ようちゅう》。左右に6個《こ》の単眼《たんがん》がある。

▲アゲハチョウの幼虫《ようちゅう》も、左右に6個《こ》ずつの単眼《たんがん》を持《も》っている。

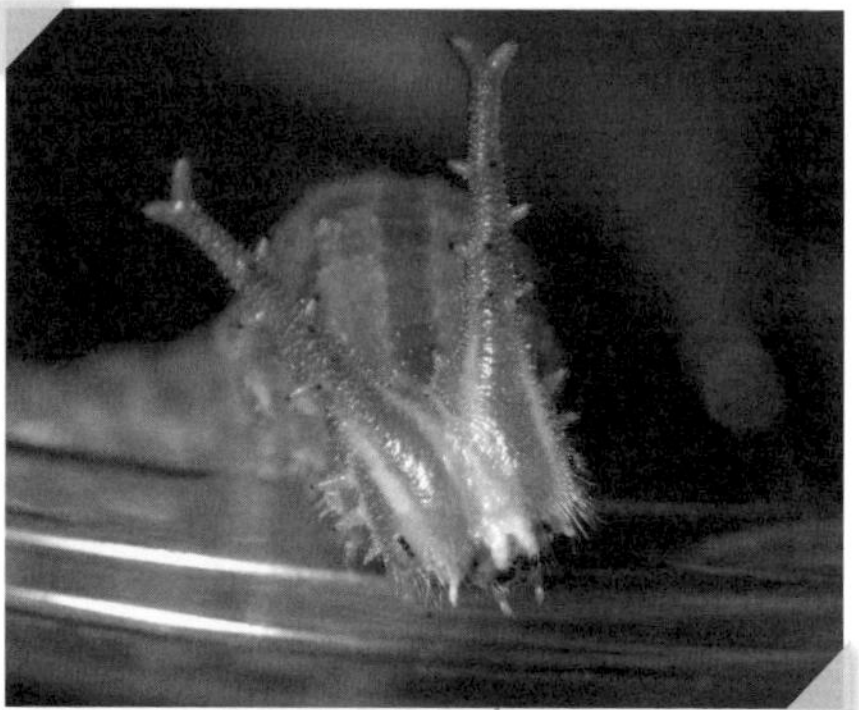

▲アカボシゴマダラの幼虫《ようちゅう》。正面《しょうめん》から見るとネコ顔で、角《つの》もあって意外《いがい》にかわいい。

ムシが苦手《にがて》なぼくでもかわいらしいと感《かん》じるから不思議《ふしぎ》です。

――イモムシが好《す》きな人は、そうしたところが魅力《みりょく》なのかもしれないなあ。

アカボシゴマダラの幼虫《ようちゅう》の顔を見て、ぼくはそう感《かん》じました。

エノキの葉《は》をおなかいっぱい食べた幼虫《ようちゅう》は頭を下にして枝《えだ》にぶら下がり、さなぎになりました。そして五月の初《はじ》め、ちょうどゴールデンウイークが明けたころに羽化《うか》しました。

アカボシゴマダラは、そこでもぼくをびっくりさせました。

▲アカボシゴマダラの春型《がた》。全体《ぜんたい》に白っぽく、赤い星も目立たない。

図鑑《ずかん》にものっていたように、アカボシゴマダラの特《とく》ちょうは、後ろばねの赤い星です。それでチョウにくわしくないぼくが見ても、アカボシゴマダラだとわかります。夏の昆虫《こんちゅう》ハウスで見たものにも、赤い星がならんでいました。

ところが、わが家で羽化《うか》した成虫《せいちゅう》は全体《ぜんたい》に白っぽく、目印《めじるし》の赤い星がほとんど見えません。まちがいなくアカボシゴマダラの幼虫《ようちゅう》を飼《か》っていたのに、どうしたのでしょう。

　思い出したのが、神奈川県《かながわけん》の友人のことばです。初《はじ》めて見つけた幼虫《ようちゅう》の写真《しゃしん》を送《おく》ったら、「春型《はるがた》のアカボシゴマダラの幼虫《ようちゅう》だよ」と教えてくれました。

　五月は若葉《わかば》の季節《きせつ》であり、初夏《しょか》と呼《よ》んでいいと思うのですが、幼虫《ようちゅう》で冬を越《こ》したアカボシゴマダラにとっては、五月もまだ春なのでしょう。それで春型《はるがた》として、白っぽいはねになるのだと思いました。

　ぼくたちは、六月になると衣《ころも》がえをします。そう考えると、春型《はるがた》のメスが産《う》んだ卵《たまご》からかえったものが衣《ころも》がえをして、夏型《なつがた》になると考えればよさそうです。

　イモムシ好《ず》きの孫《まご》はそのころから、いろいろなチョウの幼虫《ようちゅう》を飼《か》うようになりました。

　ぼくといっしょに見つけたあとにもアカボシゴマダラの幼虫《ようちゅう》をさがしだし、何匹《なんびき》も水そうで飼《か》いました。

　水を入れた小びんに葉《は》つきの枝《えだ》をさしてあたえれば、何日か平気《へいき》だと教えました。学校があるので平日《へいじつ》の昼間は見

▲アカボシゴマラのさなぎ。ギョーザに似《に》てる？

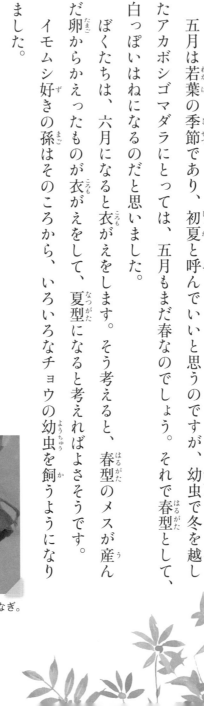

られませんが、帰宅後《きたくご》や週末《しゅうまつ》にはしっかりと観《かん》察《さつ》していたようです。

そのほかにもツマグロヒョウモンやヒメヤママユ、ウラギンシジミ、ウラナミシジミなどの幼虫《ようちゅう》をかたっぱしから飼育《しいく》し、まるで昆虫部屋《こんちゅうべや》のようにしていました。そしてぼくの顔を見ると、うれしそうに言うのです。

「クズの葉《は》でウラギンシジミの卵《たまご》を見つけたよ。アカボシゴマダラの卵《たまご》もいくつもあったよ。」

「卵《たまご》も見つけたのかい？」

「そうだよ。いろんなチョウの卵《たまご》を見つけたんだ。」

チョウや蛾《が》だけならまだしも、ゾウムシでもカメムシでも虫なら何にでも興味《きょうみ》を持《も》ち、飼育《しいく》を楽しむようになりました。ぼくとちがってイモムシも好《す》きなので、お気に入りの虫がどんどんふえていきます。小学一年生の夏休みには初《はじ》めての自《じ》

▲ツマグロヒョウモンの幼《よう》虫《ちゅう》。毒々《どくどく》しいが毒《どく》はない。

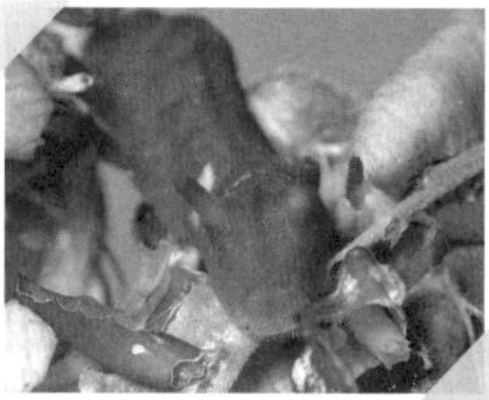

▲ウラギンシジミの幼虫《ようちゅう》。おしりに突起《とっき》がある。

▲ヒメヤママユの幼虫《ようちゅう》。脱《だっ》皮《ぴ》すると毛むくじゃらになる。

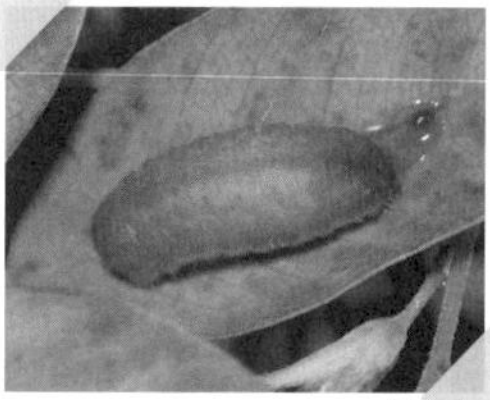

▲ウラナミシジミの幼虫《ようちゅう》。クズの花で見られる。

由研究《ゆうけんきゅう》でアオスジアゲハの観察《かんさつ》をして、賞《しょう》までもらいました。

それで気を良《よ》くしたのか、孫《まご》は二年生でカブトエビ、三年生でカイコ、四年生でアオスジアゲハ、五年生でツマグロヒョウモンと虫の自由研究《じゆうけんきゅう》をして、「虫はかせ」らしい活躍《かつやく》をしました。

▲パンジーとツマグロヒョウモン幼虫《ようちゅう》を観察《かんさつ》する孫《まご》。

ぼくはすっかり置《お》いてきぼりにされた感《かん》じです。せっかくアカボシゴマダラの幼虫《ようちゅう》に再会《さいかい》し、こわごわながら飼育《しいく》・観察《かんさつ》をしました。その続《つづ》きの調査《ちょうさ》や研究《けんきゅう》は、孫《まご》を助手《じょしゅ》にして取《と》り組もうと思っていました。

それなのに虫はかせは、ひとりでどんどん、自分の好《す》きな虫の研究《けんきゅう》をしています。とてもぼくの相手《あいて》をしてくれそうにありません。学校から帰ると宿題《しゅくだい》をすませ、スイミングや音楽教室に出かけます。週末《しゅうまつ》も何かと用事《ようじ》があるらしく、家は近いのに、じいちゃんに付《つ》き合う時間がとれません。

――しかたがないなあ。

孫《まご》が何をつかまえたのか、どんな虫を飼《か》い始《はじ》めたのか、それを聞くのを楽しみにして過《す》ごしました。

だからといって、アカボシゴマダラをわすれたわけではありません。幼虫《ようちゅう》をつかまえて飼《か》う気にはならないものの、それほど苦労《くろう》せずに見つける自信《じしん》はつきました。

卵《たまご》を見つけるコツもつかみました。見つければ写真《しゃしん》を撮《と》るようにしてきたので、アカボシゴマダラの生活も少しずつわかってきました。

▲アカボシゴマダラは庭《にわ》の小さなエノキでもよく見つかるようになった。

見る目ができると、アカボシゴマダラはすでに身近《みぢか》なチョウになっていると気がつきました。近所《きんじょ》にたくさんのエノキが生えていたのもおどろきですが、オオムラサキもゴマダラチョウもいないところで、アカボシゴマダラだけがこんなにいていいのかという疑問《ぎもん》もわいてきました。

引っ越《こ》してきた二十数年前、エノキはこんなになかったはずです。おぼえているのはお寺や公園にある、ほんの数本の大木《たいぼく》でした。千葉市《ちばし》の自然観察《しぜんかんさつ》ガイドでも、エノキがある場所《ばしょ》をわざわざ紹介《しょうかい》していたくらいです。ケヤキやムクノキとの区別《くべつ》もつかない〝樹木《じゅもく》オンチ〟だったからかもしれませんが、エノキが多かったとは思えません。

――エノキが近所《きんじょ》にどれくらいあるのか、いつか調《しら》べないといけないなあ。

なんとなく、そう思っていました。

▲横《よこ》から見たアカボシゴマダラの幼虫《ようちゅう》。同じ虫でも見る角度《かくど》を変《か》えると、おもしろい。

助手《じょしゅ》をしてもらうつもりだった孫《まご》が自分の自由《じゆう》研究《けんきゅう》でいそがしい間に、アカボシゴマダラにも大きな変化《へんか》がありました。

千葉県《ちばけん》では二〇〇八年に初《はじ》めて記録《きろく》された外来《がいらい》種《しゅ》だそうで、ぼくが飼育《しいく》したころはまだ採集《さいしゅう》や飼《し》育《いく》が許《ゆる》されていました。

ところが、国内での生息地《せいそくち》がどんどん広がっているのを心配《しんぱい》した環境省《かんきょうしょう》は二〇一八年一月、アカ

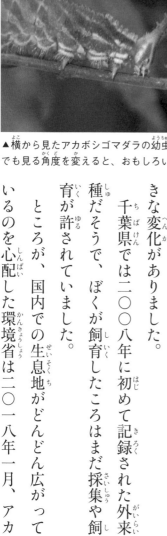

ボシゴマダラを「特定外来種《とくていがいらいしゅ》」に指定《してい》しました。そうなるともう、許可《きょか》なく飼《か》ったり、よそに運《はこ》んだり放《はな》したりすると、罰《ばっ》せられるようになりました。ぼくがアカボシゴマダラから遠ざかっているうちに、卵《たまご》や幼虫《ようちゅう》を採集《さいしゅう》してきて勝手《かって》に育《そだ》てることはできないようになっていたのです。

ふえていることは、なんとなく感《かん》じていました。なぜなら、わざわざさがしに出かけなくても、いつの間にか庭《にわ》に生えてきたエノキで、卵《たまご》や幼虫《ようちゅう》を目にすることが多くなっていたからです。庭《にわ》にエノキが生えていたと知ったのも、アカボシゴマダラの幼虫《ようちゅう》が何匹《なんびき》も葉《は》にとまっているのを見たからでした。

特定外来種《とくていがいらいしゅ》に指定《してい》されたのは、それまで見つかっていなかった県《けん》でも見られるようになったからでしょう。もともとはだれかが中国から持《も》ちこんだチョウだとしても、そのあとはアカボシゴマダラが自力ですむ場所《ばしょ》を広げているのです。

ぼくの近所《きんじょ》にはえさのうばい合いをするオオムラ

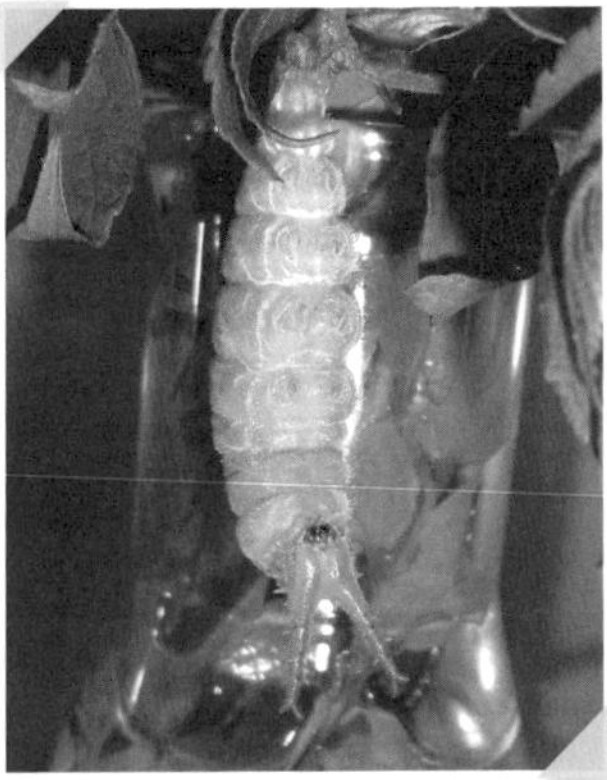

▲さなぎになる前の「前蛹《ぜんよう》」になったアカボシゴマダラ。頭を下にしている。

▲葉《は》をかじるアカボシゴマダラの幼虫《ようちゅう》。小さな目がかわいらしい。

サキやゴマダラチョウがいなくても、地域《ちいき》によってはいまも元気よく生活しているはずです。冬ごし中のオオムラサキとアカボシゴマダラの幼虫《ようちゅう》が、同じ葉《は》の表《おもて》とうらにとまっているところが観察《かんさつ》されたこともあります。そんな地域《ちいき》では、えさのうばい合いも起《お》きているのでしょう。

それにしても、いつの間に、こんなにもふえたのでしょう。ぼくにはほんのせまい範囲《はんい》しか調《しら》べられませんが、近所《きんじょ》にエノキがどれだけあるのか、アカボシゴマダラがどれほどふえているのかが知りたくなりました。

——でもなあ。近所《きんじょ》とはいっても、どこまで調《しら》べればいいのかなあ。

そう考えだしたとき、思わぬところから声が上がりました。

「じいちゃん。ぼくね、ことしはアカボシゴマダラの研究《けんきゅう》をしようと思うんだ。」

二〇二〇年七月。「虫はかせ」の孫《まご》は、小学六年生になっていました。

6 エノキ一〇〇本大調《だいちょう》査《さ》

「なんて言った？」

「ことしの自由研究《じゆうけんきゅう》はアカボシゴマダラにしようと思うんだけど、じいちゃんもいっしょに研究《けんきゅう》する？」

「するする。いっしょに調《しら》べよう！」

小学一年生になったばかりのころ、たまたま出かけた昆虫《こんちゅう》ハウスで、羽化《うか》したばかりのアカボシゴマダラを見ました。それ以来《いらい》、孫《まご》もずっと気になっていたようです。

あのとき、ぼくは孫《まご》に、助手《じょしゅ》になってもらうようにたのみました。それをおぼえているかどうかはともかく、いまはなんだか、立場が逆《ぎゃく》です。ぼくが、自由研究《じゆうけんきゅう》のお手伝《てつだ》いをさせてもらうような感《かん》じです。

でも、かまいません。ここ数年、ずっと気にしていたことだからです。

よくいえば、共同研究《きょうどうけんきゅう》でしょうか。

孫《まご》が言いました。

「玄関《げんかん》にエノキが生えてきて、アカボシゴマダラの幼虫《ようちゅう》をよく見るようになったんだ。」

「じいちゃんちもそうだよ。」

ぼくの家と同じです。植《う》えたつもりはないのにいつの間にか生えていて、アカボシゴマダラがやってきて卵《たまご》を産《う》んでいきます。卵《たまご》はさがさないと見つからないので、気づくのはたいてい、幼虫《ようちゅう》がかなり大きくなってからです。

「だったらまず、エノキがどれくらいあるのかを調《しら》べないか。」

「どうして?」

「えさになるのは、エノキの葉《は》だろ。だから、エノキが多いほど、アカボシゴマダラもふえやすくなるんじゃないかな。」

▲アカボシゴマダラの幼虫《ようちゅう》は、家をぐるっとまわるだけで見つかる。

「エノキは、公園にも何本かあったよね。」

「それもそうだけど、せっかくだから、もう少し遠くまで調《しら》べてみようよ。」

「中学校のうらぐらいまで？」

いつもの散歩《さんぽ》コースなので、孫《まご》とも何度《なんど》か歩きました。

「もう少し先に、小さな公園があるだろ。」

「うん。」

「あそこは、じいちゃんの家から一キロメートルぐらいなんだ。きりがいいから、あのへんまで調《しら》べようよ。」

「卵《たまご》や幼虫《ようちゅう》もさがさない？」

「それはいいんだけど、アカボシゴマダラは採集禁止《さいしゅうきんし》になったんだ。飼《か》ってはいけないし、つかまえてどこかへ放《はな》すのもいけなくなったんだよ。」

特定外来種《とくていがいらいしゅ》に指定《してい》された結果《けっか》、二〇一八年からは観察《かんさつ》するだけのチョウになったことを教えました。

「そうなの……。」

イモムシ大好《だいす》き少年には、ちょっと残念《ざんねん》なようです。でも、そうした法律《ほうりつ》でもないと、外来種《がいらいしゅ》がどんどんふえてたいへんなことになるのは理解《りかい》しています。アメリカザリガニやウシガエルが日本の在来種《ざいらいしゅ》を食べたり、すみかをうばったりしていることは、よく知っていました。

「じゃあ、卵《たまご》と幼虫《ようちゅう》は見るだけにして、どの木にいたのかを記録《きろく》するんだね。」

「そうだ。どれくらいの高さの木の、どのへんにいたのかをチェックしよう。」

「そうか。木の高さもふえかたに関係《かんけい》するかもしれないからだね。だけど……大きな木の高さはどうやって測《はか》ればいいのかなあ。」

疑問《ぎもん》はもっともです。お寺に生えている大エノキの高さも気になります。

「そうだねえ……。」

しばらく考えてからぼくは、子どものころの授業《じゅぎょう》で、三角定規《じょうぎ》を使《つか》って木の高さを測《はか》ったことを思い出しました。正確《せいかく》でなくても、だいたいの高さを知るにはいい方法《ほうほう》です。

「厚紙《あつがみ》とペットボトルのふた、あるか？」

「ふたは、いくつあればいいの？」

「おもりにするだけだから、ふたつもあればいいよ。」

「それなら、家にある。」

「オーケー。それで木の高さを測《はか》る道具《どうぐ》ができる。高い木はそいつで測《はか》って、低《ひく》い木は直接《ちょくせつ》、巻《ま》き尺《じゃく》で測《はか》ろう。」

孫《まご》といっしょにさっそく、樹高測定器《じゅこうそくていき》を手づくりしました。

「これで測《はか》れるの？」

「だいたいね。使《つか》い方をちょっと練習《れんしゅう》してから、調査《ちょうさ》に出かけようか。」

道具《どうぐ》はできたものの、実際《じっさい》にどう使《つか》うかを知らないと役《やく》に立ちません。測《はか》り方と木の高さが測《はか》れるわけを説明《せつめい》し、家の木で練習《れんしゅう》しました。

「すごい！　いい考えだね。」

「まあね。」

▲自分でつくった樹高測定器《じゅこうそくていき》を手に持《も》ち、家の前で使《つか》い方を練習《れんしゅう》する孫《まご》。

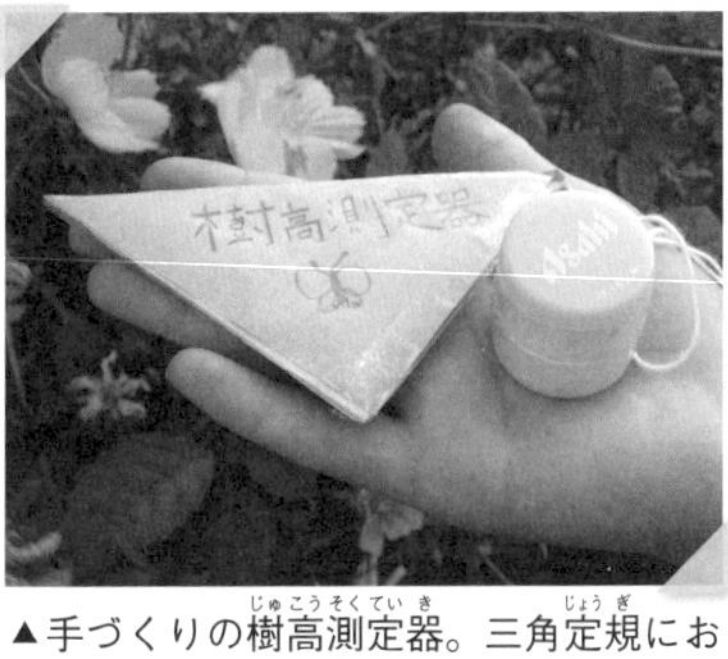

▲手づくりの樹高測定器《じゅこうそくていき》。三角定規《じょうぎ》におもりをつけたようなものだ。

ぼくの発明《はつめい》ではないのですが、道具《どうぐ》を作ろうと提案《ていあん》したのはぼくです。ちょっとだけ、いい気分になりました。

七月下旬《げじゅん》。水分補給《ほきゅう》のための水とうをリュックに入れ、できたばかりの樹高測定器《じゅこうそくていき》と巻《ま》き尺《じゃく》、メモ帳《ちょう》を手に持《も》って出発《しゅっぱつ》しました。

一キロメートル先の公園まで、休まず歩けば小学生でも二〇分ほどで着《つ》けます。

でも、そこに行くとちゅうに生えているエノキの本数と高さを調《しら》べ、アカボシゴマダラの卵《たまご》・幼虫《ようちゅう》がどの位置《いち》にあるのかもチェックしながらなので、もっと時間がかかります。エノキが実際《じっさい》に何本あるのか、卵《たまご》や幼虫《ようちゅう》がどれほど見つけられるのかわかりませんが、一日で終《お》えるのはむずかしいでしょう。

孫《まご》は相変《あいか》わらず、数多くの虫を飼《か》っています。その世話《せわ》をする時間も必要《ひつよう》です。

「まあ、のんびりやろうよ。」

▲樹高計測器《じゅこうけいそくき》の使《つか》い方にも慣《な》れ、あちこちに生えているエノキの高さを測《はか》った。

「そうだね。」

夏休みに入ったばかりなので、時間はたっぷりあります。

それから数日かけて、孫《まご》とふたりでエノキを見てまわりました。

引っ越《こ》してきたころ何本あったのかわかりませんが、こんなにあったはずはないというのが実感《じっかん》でした。

▲アカボシゴマダラの幼虫《ようちゅう》は、低《ひく》いエノキで見つかることが多かった。

仮《かり》に以前《いぜん》から生えていた木だとしたら、二十数年のあいだに大木《たいぼく》になっていていいはずです。それなのに見上げるほど大きなエノキは、何本もありません。公園に生えていても低《ひく》いものが多く、道ぞいで見られるのはたいてい、一・五メートル以下《いか》です。せっかくつくった樹高測定器《じゅこうそくていき》ですが、出番はあまりなさそうです。

卵《たまご》と幼虫《ようちゅう》は、ずいぶん見つかりました。

▲エノキの大木《たいぼく》は近所《きんじょ》に、数えるほどしかなかった。

▲道ぞいのエノキの多くは、小さかった。

その多くは、低《ひく》い木にありました。高さ二メートルをこす木でも、卵《たまご》や幼虫《ようちゅう》の多くは孫《まご》の目の高さにありました。地上から、一・三メートルといったところです。

結局《けっきょく》のところ、直《ちょっ》線距離《きょり》で約《やく》一キロメートル、直径《けい》にしたら半径《はんけい》五〇〇メートルほどの「ご近所《きんじょ》」に、一〇〇本をこすエノキがありました。見のがしもあるはずなので、実際《じっさい》にはもっと生えているとみてよさそうです。

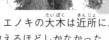

孫《まご》は、実際《じっさい》に自分で見つけた数を自由研究《じゆうけんきゅう》のデータにしました。ぼくはきりのいい数字である一〇〇本について、高さと卵《たまご》・幼虫《ようちゅう》の数で判断《はんだん》することにしました。

その結果《けっか》、全体《ぜんたい》の八割《わり》は高さ二メートル以下《いか》の若《わか》い木だということがわかりました。そして卵《たまご》と幼虫《ようちゅう》は、地上から一～一・三メートルでもっとも多く見つかりました。

大木《たいぼく》が少ないことはわかっていたので、ほぼ予想《よそう》通りの結果《けっか》です。もしかしたら大木《たいぼく》の高いところで卵《たまご》と幼虫《ようちゅう》が見つかるかもしれないのですが、調《しら》べるのはむずかしいので無視《むし》しました。

「思った通りのような気がするけど、どうだい？」

「低《ひく》い木が多いから、生えてから何年もたっていないよね。それにばらばらに生えているから、だれかが植《う》えたんじゃなくて、タネが飛《と》んできて、育《そだ》った木だと思う。」

なかなかの分析《ぶんせき》です。

「そうだな。鳥がエノキの実《み》を食べて、ふんにまじって出てきたタネが発芽《はつが》したとみていいと思うよ。」

自分の目で確《たし》かめたわけではないのですが、そうした報告例《ほうこくれい》はよくあります。近くに大きな木があれば実《み》の量《りょう》も多く、鳥が運《はこ》ぶタネの数もふえるでしょう。大《たい》

▲エノキの実《み》。鳥に食べられて、分布《ぶんぷ》をひろげているのだろうか。

木《ぼく》があることも、その近所《きんじょ》で若《わか》い木をふやすための条件《じょうけん》になるはずです。

若《わか》くて低《ひく》い木の葉《は》はやわらかく、卵《たまご》からかえったばかりの幼虫《ようちゅう》でも楽にかじることができます。だからアカボシゴマダラにとってそうした木は、仲間《なかま》をふやすのに都合《つごう》がいいのかもしれません。

そうしたぼくの考えを伝《つた》えると、虫はかせも大きくうなずきました。

調査《ちょうさ》データがとれたので、孫《まご》は自分が飼《か》っているほかのチョウの生態《せいたい》とも比《くら》べるつもりです。それにはぼくも賛成《さんせい》です。卵《たまご》から幼虫《ようちゅう》、さなぎ、成虫《せいちゅう》と育《そだ》つのは同じでも、えさの種類《しゅるい》や卵《たまご》や幼虫《ようちゅう》、さなぎのようすなどは異《こと》なるからです。

アカボシゴマダラの飼育《しいく》が禁止《きんし》される前に、孫《まご》も何度《なんど》か、幼虫《ようちゅう》を育《そだ》てました。卵《たまご》から飼《か》ったこともあるようです。いまとなっては野外で見つけても観察《かんさつ》することしかできませんが、飼育《しいく》の体験《たいけん》があるのは自由研究《じゆうけんきゅう》の強みになるでしょう。

▲いつの間にか生えてきたエノキに、アカボシゴマダラの幼虫《ようちゅう》がよくとまっている。

▲エノキ調査《ちょうさ》でアカボシゴマダラのさなぎは見つからなかった。

ぼくも負《ま》けていられません。暑《あつ》さとたたかいながら、何度《なんど》も観察《かんさつ》に出かけました。

そんなある日のことです。

「たいへん、たいへんだよー！」

孫《まご》でした。

虫のことだと思うのですが、何か事件《じけん》が起《お》きたのでしょうか。

▲小さなエノキの高さは、巻《ま》き尺《じゃく》を使《つか》って測《はか》った。

▲庭《にわ》に飛《と》んできて、植木《うえき》ばちのふちにとまったアカボシゴマダラ。

7 消《き》えたすみか

ひと息《いき》ついた孫《まご》は、たくさんあったはずのエノキが急《きゅう》に消《き》えたとぼくに告《つ》げました。

「なんだって！」

それは事件《じけん》です。こんどは、ぼくがおどろく番でした。教わった場所《ばしょ》にあわてて出かけると、ほんとうにその通りでした。観察《かんさつ》しやすかった田んぼのまわりのエノキが、すっかり姿《すがた》を消《け》しています。

田んぼは、米づくりの場所《ばしょ》です。元気に育《そだ》ててたくさん収穫《しゅうかく》するためには、手間をかけなければなりません。害虫《がいちゅう》や病気《びょうき》をふせぐ農薬《のうやく》をまいたり、雑草《ざっそう》を刈《か》り取《と》ったりしないと、収穫量《しゅうかくりょう》は減《へ》ってしまいます。

その田んぼでは何度《なんど》か、農家《のうか》の人が草刈《くさか》りをするのを

▲草とともに木々《きぎ》も切られ、田んぼ周辺《しゅうへん》の景色《けしき》はすっきりした。

見ました。前の日には草ぼうぼうでも、一夜明けると、もともと何もなかったかのように、すっきりしています。

　エノキが消《き》えたのもそれと同じでしょう。わざわざ植《う》えた木でもないので、自然《しぜん》に生えてきた雑草《ざっそう》と同じように切ってしまったのだと思いました。大きな木だと切るのに苦労《くろう》しますが、若《わか》い木なので幹《みき》も細く、かんたんに切り倒《たお》せたことでしょう。

　稲《いね》の害虫《がいちゅう》を防《ふせ》ぐには、そのすみかを取《と》り除《のぞ》くのがいちばんです。それで田んぼのまわりは、何度《なんど》か草刈《くさか》りをすることになります。

　エノキが切られるのは、アカボシゴマダラの卵《たまご》や幼虫《ようちゅう》にとって一大事《いちだいじ》です。葉《は》がしおれるまでの数日間でさなぎになればともかく、そうでないと食べるものがなくて、死《し》んでしまいます。

　アカボシゴマダラは、外国から持《も》ちこまれた外来種《がいらいしゅ》です。木を切れば、卵《たまご》を一個《いっこ》ずつ、幼虫《ようちゅう》を一匹《いっぴき》ずつ取《と》

▲アカボシゴマダラはよく見るようになったが、生き残《のこ》るのは大変《たいへん》みたいだ。

り除《のぞ》く手間は省《はぶ》けます。田んぼの害虫対策《がいちゅうたいさく》だけでなく外来種《がいらいしゅ》をやっつけることにもなるなら、一石二鳥でしょう。

でも、アカボシゴマダラに同情《どうじょう》したくなる気持《きも》ちもわいてきます。自分から望《のぞ》んで日本に来たわけでもないのに、どうして自分たちがいじめられるのだろうと思っているかもしれません。アカボシゴマダラに限《かぎ》らないものの、外来種問題《がいらいしゅもんだい》を考えるときにはいつも気になります。

▲稲《いね》のためには、草刈《くさか》りが欠《か》かせない。しかし、エノキまで消《き》えるとさびしい。

アカボシゴマダラの観察《かんさつ》はこの先、どうしたらいいのでしょう。ぼくにとってはそれが、さしあたっての問題《もんだい》です。一気に十数本のエノキが消《き》え、そこにいた卵《たまご》や幼虫《ようちゅう》のゆくえもわかりません。

ところが幸《さいわ》いにも、この田んぼの近くだけで一〇〇本をこすエノキがありました。その木のすべてで卵《たまご》や幼虫《ようちゅう》を見たわけではありませんが、木があれば観察《かんさつ》が続《つづ》けられる可能性《かのうせい》は高まります。

田んぼから家に向《む》かう道のわきだけで、何本ものエノキが生えています。さっそくさがすと、すぐに数匹《すうひき》の幼虫《ようちゅう》が見つかりました。いてはいけない外来種《がいらいしゅ》なのに、観察《かんさつ》ができると思うと、なぜかほっとしてしまいました。

家にもどり、念《ねん》のため、庭《にわ》のエノキも調《しら》べました。玄関《げんかん》に一本、庭《にわ》に二本あります。どれも知らないうちに生えてきたものです。

そこには合わせて八匹《ぴき》の幼虫《ようちゅう》がいました。卵《たまご》も三個《こ》、見つけました。ありがたいと言っていいのか迷《まよ》いますが、自分の家でも観察《かんさつ》できると助《たす》かります。

——よーし。きみたちになるべく付《つ》き合うよ。

ぼくは心の中で、幼虫《ようちゅう》たちに呼《よ》びかけました。

▲アカボシゴマダラの卵《たまご》。どうしてこんな形になるのだろう。

▲さなぎのから。アカボシゴマダラは、無事《ぶじ》に羽化《うか》したようだ。

アカボシゴマダラだけでなく、すみかをうばわれたら、どんな虫も生活できません。田んぼのまわりのエノキがとつぜん消《き》えてなくなったようなことが、よそで起《お》きないとも限《かぎ》りません。絶滅《ぜつめつ》が心配《しんぱい》される虫だって、同じような目にあっているかもしれないのです。そう考えると、希少種《きしょうしゅ》だとか外来種《がいらいしゅ》だからという理由《りゆう》で差別《さべつ》するのもおかしいように思えてきます。

——だからなんでも、「いま」が大切なんだな。

そう考えたぼくは、それまでの飼育《しいく》や観察《かんさつ》の記録《きろく》を整理《せいり》しておくことにしました。

アカボシゴマダラをひと目見て、ぼくは「緑《みどり》のナメクジ」と表現《ひょうげん》しました。それがぴったりだと思ったからですが、庭《にわ》のエノキを調《しら》べていたとき、同じ木の別々《べつべつ》の葉《は》に、二種類《しゅるい》の幼虫《ようちゅう》がいることに気づきました。

それは、三月半ばのことでした。

一方は、見慣《みな》れた「緑《みどり》のナメクジ」です。ところがもう一方は茶色っぽく、いかにも冬のよそおいを思わせます。

——ははあ、これは春になってめざめたばかりの幼虫《ようちゅう》だな。

冬越《ふゆご》しのために茶色になるのは、かれ葉《は》やかれ枝《えだ》の色に似《に》せて、天敵《てんてき》から身《み》を守《まも》るためでしょう。そしてエノキが葉《は》を広げだしたころに起《お》きだして皮《かわ》をぬぎ、春向《はるむ》きのすがたになるのではないかと想像《そうぞう》しました。それをうらづけるように、ほかの場所《ばしょ》でも同じ日の同じ時間に、二種類《しゅるい》の色の幼虫《ようちゅう》を見ました。

そう考えると、ぼくがなかなか好《す》きになれない「緑《みどり》のナメクジ」のもようも理《り》解《かい》できます。背中《せなか》に緑《みどり》の帯《おび》が走り、その両側《りょうがわ》は赤みを帯《お》び、からだ全体《ぜんたい》になためのすじが入るという独特《どくとく》のデザインは、春のエノキの葉《は》によく似《に》ています。そのおかげで幼虫《ようちゅう》は、周囲《しゅうい》の景色《けしき》にうまくとけこめます。

かれ葉《は》やかれ枝《えだ》の上なら、茶色の方が安全《あんぜん》でしょう。鳥や冬眠《とうみん》前のトカゲ、カナヘビなどに、見つかりにくくなります。ところが緑《みどり》の葉《は》を広げ始《はじ》めたエノキの

▲同じ場所《ばしょ》で、3月半ばに茶色っぽいアカボシゴマダラの幼虫《ようちゅう》も見つかった。

上でも茶色だと、あまりにも目立ちすぎです。それで春にはなるべく早く脱皮《だっぴ》をして、緑色《みどりいろ》に変身《へんしん》する生き残《のこ》り作戦《さくせん》なのでしょう。

ぼくがアカボシゴマダラの卵《たまご》を初《はじ》めて見たのは、五月の末《すえ》でした。

「オオムラサキの卵《たまご》みたいだなあ。」

「でしょ。そっくりだよね。」

すでに見つけたことがある孫《まご》も、同じような感想《かんそう》を口にしました。

▲オオムラサキの卵《たまご》。アカボシゴマダラとちがって、いくつもまとめて産《う》んである。

小学生になったばかりの孫《まご》と出かけた昆虫《こんちゅう》ハウスにはオオムラサキもいて、運《うん》がいいことに、卵《たまご》もありました。そのときの観察体験《かんさつたいけん》が生きています。そのころはまだ、モンシロチョウとアゲハチョウの卵《たまご》しか見たことがなかったので、オオムラサキの卵《たまご》の美《うつく》しさには心をうばわれました。まん丸で、緑《みどり》がかった茶色。それでいてとうめい感《かん》があり、ガラス細工の玉のようにも見えまし

た。玉のてっぺんから葉《は》にくっついている部分《ぶぶん》に向《む》かって、均等《きんとう》に、何本ものすじが入っていました。

アカボシゴマダラの卵《たまご》はきれいなエメラルドグリーンで、宝石《ほうせき》のひすいを思わせました。成長《せいちょう》が進《すす》むにつれて、茶色っぽくなっていきます。オオムラサキの卵《たまご》によく似《に》ていますが、アカボシゴマダラの卵《たまご》とオオムラサキの卵《たまご》をまちがえることはありません。

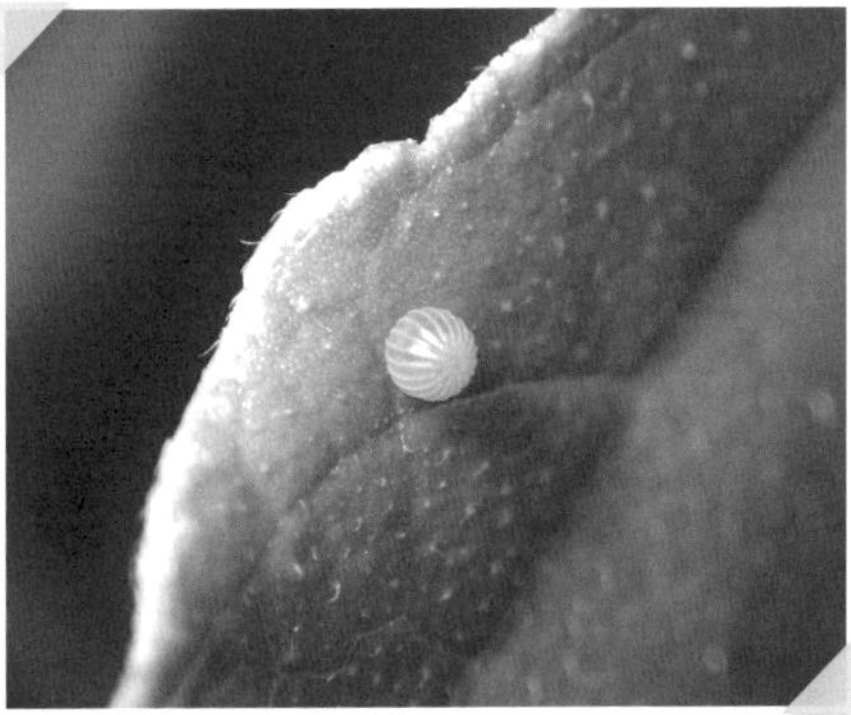
▲アカボシゴマラの卵《たまご》はエメラルドグリーンで、宝石《ほうせき》のひすいのようだ。

なぜなら、アカボシゴマダラの卵《たまご》はぽつんと一個《こ》だけ産《う》んであるのに、オオムサキの卵《たまご》はいくつかまとめて産《う》んであるからです。それに近所《きんじょ》でオオムラサキを見るのはむずかしいので、エノキの葉《は》に産《う》んであればまず、アカボシゴマダラの卵《たまご》だと考えてよさそうです。

卵《たまご》からかえったばかりの幼虫《ようちゅう》も、「緑《みどり》のナメクジ」に負《ま》けない独特《どくとく》の姿《すがた》をしています。茶色で大きい頭が、とてもよく目立ちます。そしてからだ全体《ぜんたい》に、細かい毛が生えています。

不思議《ふしぎ》なのは、頭に角《つの》がないことです。大きく育《そだ》った幼虫《ようちゅう》を見ることが多いので、アカボシゴマダラの幼虫《ようちゅう》の頭には、シカのような角《つの》があるものだと思っていました。でも、卵《たまご》からかえったばかりの赤ちゃんにはそれがありません。

角《つの》は、生まれて三日ほどして一回目の脱皮《だっぴ》をすると、あらわれます。アカボシゴマダラの大きな特《とく》ちょうである背中《せなか》の突起《とっき》は、まだはっきりしません。突起《とっき》がよく見えるようになるのは二度目《にどめ》の脱皮《だっぴ》をしてから、つまり三齢《れい》幼虫《ようちゅう》になってからです。

それにもうひとつ不思議《ふしぎ》なのは、赤ちゃん幼虫《ようちゅう》のおしりの先が開《ひら》いていることです。先端《せんたん》がピタッと閉《と》じていることがオオムラサキやゴマダラチョウとのちがいだと覚《おぼ》えたのに、その見分け方が役《やく》に立ちません。

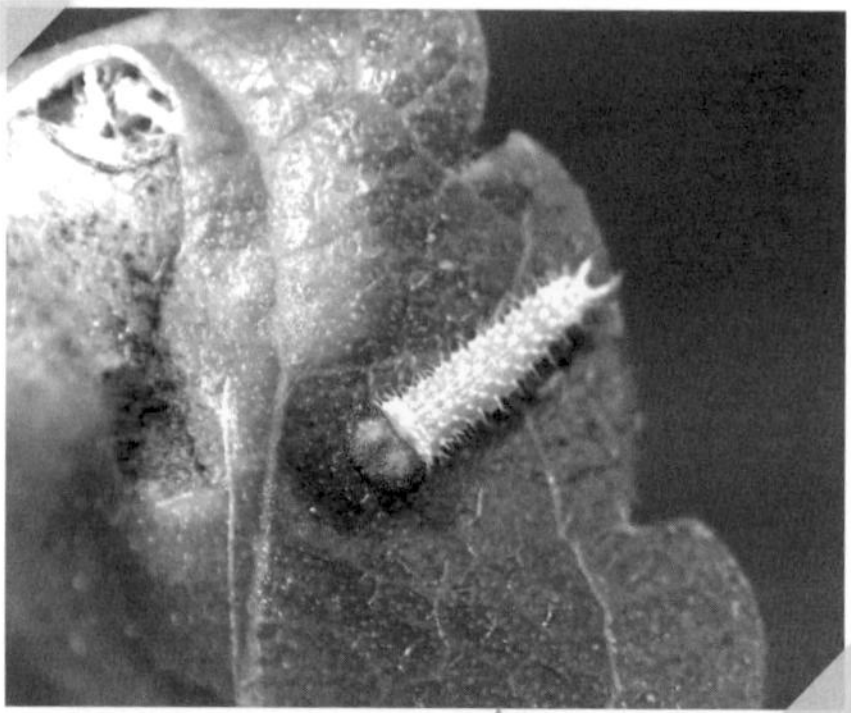

▲アカボシゴマダラのふ化《か》幼虫《ようちゅう》。角《つの》がなく、おしりの先も開《ひら》いている。

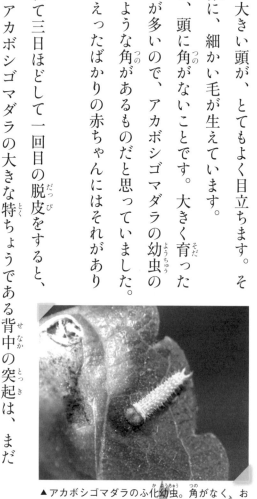

——オオムラサキのまねをしてもしかたがないのになあ。

理由《りゆう》はいまもわかりませんが、しばらくするとおしりの先はちゃんと閉《と》じ、アカボシゴマダラだとわかります。

それはともかく、五月を過《す》ぎて見つかる卵《たまご》から産《う》まれる幼虫《ようちゅう》は、夏型《なつがた》です。一度《いちど》も赤色まじりの「緑《みどり》のナメクジ」になることはなく、さなぎになるまでずっと、緑色《みどりいろ》のままです。

赤っぽい部分《ぶぶん》がないのは、エノキの葉《は》の色に似《に》せるためでしょう。新芽《しんめ》のころとちがって緑色《みどりいろ》がこくなり、枝《えだ》の茶色よりも緑色《みどりいろ》の葉《は》の方がずっと目立ちます。

相変《あいか》わらずイモムシの苦手《にがて》なぼくですが、春型《はるがた》に比《くら》べればずっと親しみやすい幼虫《ようちゅう》です。からだ全体《ぜんたい》が緑色《みどりいろ》だと、庭《にわ》でよく見るモンシロチョウやアゲハチョウの幼虫《ようちゅう》に近い感《かん》じがします。しかも角《つの》があって、子ネコみたいな顔立ちなので、安心《あんしん》して見ていられます。

▲夏型《なつがた》のゴマダラチョウ幼虫《ようちゅう》のネコ顔。春型《はるがた》と角《つの》の色が異《こと》なる。

▲庭《にわ》で見つけた羽化《うか》して間もないと思われるアカボシゴマダラの春型《はるがた》。

▲産卵《さんらん》するアカボシゴマダラ。ぼろぼろの葉《は》だけど、いいのかなあ。

エノキの葉《は》をしっかり食べた幼虫《ようちゅう》は、脱皮《だっぴ》を四回くり返《かえ》して五齢《れい》になります。それからさなぎになって一週間もすれば羽化《うか》です。時期《じき》や育《そだ》つ環境《かんきょう》にもよるのでしょうが、卵《たまご》から一か月ほどで成虫《せいちゅう》になり、飛《と》び立ちます。

夏型《なつがた》なので、名前通りの赤い星がはっきり見られます。

でも、そんなに個性的《こせいてき》なチョウなのに、うっかりすると見まちがえることがあります。

ぼくは一度《いちど》、完全《かんぜん》にだまされました。

暑《あつ》いさかりの八月半ばのことでした。

8 何かが足りない

「アサギマダラだ！」

その飛《と》び方を見て、ぼくはてっきりそう思いました。

漢字《かんじ》で「浅黄斑」と書くアサギマダラはすきとおった感《かん》じのはねを持《も》ち、ふわりふわりふわ、まうようにして空を飛《と》びます。「秋の七草」のひとつであるフジバカマの花が大好《だいす》きなチョウとしても、よく知られます。

▲フジバカマの花が好《す》きなアサギマダラ。アカボシゴマダラに似《に》てないだろうか。

それが公園の入り口で、ゆったりと飛《と》んでいました。

ぼくはあわててカメラをかまえ、ファインダーをのぞいてやっと、かんちがいだったことに気がつきました。

そのチョウはゆっくりと地上に降《お》り、じゃり石の間にくちをのばしました。

「なんだ、アカボシゴマダラじゃないか。」

▲アカボシゴマダラが飛《と》んでいると、アサギマダラと見まちがえることがある。

何度《なんど》も見ているチョウなのに、急《きゅう》に目の前にあらわれたせいか、アサギマダラとまちがえてしまったのです。水をすおうとしていますが、石の間のすきまはとてもせまい感《かん》じです。はたして、うまくすえるのでしょうか。ちょっと心配《しんぱい》になりました。

アカボシゴマダラは、どちらかといえば大柄《おおがら》のチョウです。それなのに、ふわっとしたゆるやかな飛《と》び方をします。そのようすに、ぼくはすっかり、だまされました。

▲オオゴマダラ。白と黒のゴマもようがよく目立つ日本最大級《さいだいきゅう》の大型種《おおがたしゅ》だ。

アカボシゴマダラという名前には「マダラ」ということばが入っています。でも、同じ「マダラ」でも、アサギマダラやオオゴマダラとは別《べつ》のグループになります。いずれもタテハチョウ科のチョウなのですが、アサギマダラやオオゴマダラは、タテハチョウ科の中のマダラチョウ亜科《あか》に分類《ぶんるい》されます。

大きなちがいは、マダラチョウ亜科《あか》のチョウはからだに、毒《どく》をためることでしょう。えさにする植物《しょくぶつ》が持《も》つ毒《どく》を利用《りよう》して、天敵《てんてき》から身《み》を守《まも》る知恵《ちえ》だといわれます。そうとは知らずに口にした鳥は一度《いちど》でこりて、二度目《どめ》からはマダラチョウ亜科《あか》のチョウを見つけてもおそわないそうです。

同じ「マダラ」のチョウでも、アカボシゴマダラは別《べつ》の家族《かぞく》のようなものです。それなのにアサギマダラやオオゴマダラに似《に》たもようを持《も》ち、その飛《と》び方までまねています。

それだけで鳥の目をごまかせるのかどうかは、わかりません。でも、ぼくをだますのに成功《せいこう》したように、まんまとだまされる鳥がいるかもしれません。そうなればしめたもので生きのびる確率《かくりつ》がうんと高まります。

ぼくがアカボシゴマダラの幼虫《ようちゅう》を初《はじ》めて見たのは、二〇一五年でした。それからずっと付《つ》き合ってきたからか、特定外来種《とくていがいらいしゅ》に指定《してい》されたいまも、親しい友だちのように思えてなりません。なぜだろうと考えて思い当たる理由《りゆう》のひとつは、観《かん》察《さつ》のしやすさです。

わが家の庭《にわ》では毎年、モンシロチョウとナミアゲハ、キアゲハ、ジャコウアゲ

▲ジャコウアゲハのオス。はね全体《ぜんたい》が黒っぽい。

▲ジャコウアゲハのメスは、灰色《はいいろ》に見える。

ハが繁殖《はんしょく》します。勝手《かって》に飛《と》んできて卵《たまご》を産《う》んでいくので、それを放《はな》し飼《が》いにしたまま、観察《かんさつ》しています。

たとえばモンシロチョウならキャベツやコマツナなどアブラナ科野菜《やさい》が生活の場になります。そのため、卵《たまご》や幼虫《ようちゅう》、さなぎを見るためには腰《こし》をかがめたり、無《む》理《り》な姿勢《しせい》をとったりしなければなりません。ナミアゲハはミカンの木にいるので、うっかりすると、するどいとげでけがをしながらの観察《かんさつ》になります。

それに比《くら》べると、アカボシゴマダラの幼虫《ようちゅう》の観察《かんさつ》は楽です。目の高さかそれ以下《いか》のところにいることが多く、観察《かんさつ》も撮影《さつえい》もずっと楽です。それで飼育《しいく》していなくても、成長《せいちょう》のようすや習《しゅう》性《せい》が観察《かんさつ》できます。

孫《まご》は夏休みが終《お》わる日に、自由研究《じゆうけんきゅう》に一区切《ひとくぎ》りつけました。でも特別《とくべつ》なしめきりのないぼくは引き続《つづ》き、疑問《ぎもん》を解《と》くための

▲ナミアゲハ幼虫《ようちゅう》のえさはミカンの木。気をつけないと、とげがささる。

研究《けんきゅう》をすることにしました。といっても、専門家《せんもんか》ではないので、自由研究《じゆうけんきゅう》の延長《えんちょう》みたいなものです。

アカボシゴマダラがなぜふえたのか知りたくて、一〇〇本のエノキを調《しら》べたり、卵《たまご》や幼虫《ようちゅう》の観察《かんさつ》をしてきました。その理由《りゆう》としてたどりついたのは、次《つぎ》の三つでした。

一、若《わか》い木が多いため、やわらかい葉《は》が食べられる。

二、鳥は、毒《どく》があるチョウとかんちがいしておそわないだけでなく、タネをばらまいてエノキをふやしている。

三、えさのうばい合いになる虫がいない。

いってみればアカボシゴマダラは、おいしいごちそうがたくさんあって、敵《てき》も競争相手《きょうそうあいて》もいないところにもぐりこんだようなものです。

でも、これだけでは不十分《ふじゅうぶん》だと思いました。大きな木が多く、えさのうばい合

▲樹液《じゅえき》をすうアカボシゴマダラ。食事中《しょくじちゅう》は、写真《しゃしん》が撮《と》りやすい。

いになる虫もいる地域《ちいき》だと、事情《じじょう》がちがってきそうです。近所《きんじょ》のアカボシゴマダラはともかく、よそでふえている理由《りゆう》として通用するのでしょうか。

――うーん。何が足りないのだろう？

考えてもわかりません。自然《しぜん》が相手《あいて》なので、算数の計算問題《もんだい》を解《と》くようにはいかないのです。まだ何かが足りないように思えるものの、それが何なのかがわかりません。

問題《もんだい》を解《と》くカギになるのは、観察《かんさつ》でしょうか。もっと観察《かんさつ》すれば、欠《か》けている答えが見つかるかもしれません。そこでぼくは、幼虫《ようちゅう》を中心にした研究《けんきゅう》をさらに続《つづ》けることにしました。

そのつもりでいると、アカボシゴマダラもサインを送《おく》ってくれるようです。

孫《まご》と共同研究《きょうどうけんきゅう》をした次《つぎ》の年、二〇二一年の夏。ちょうどお昼ごろでした。庭《にわ》のエノキの葉《は》にとまっていた幼虫《ようちゅう》が、それまでに見せたことがないポーズをとっているところに出くわしました。

体長は四センチメートルほどの五齢幼虫《れいようちゅう》のようでした。その大きな幼虫《ようちゅう》がから

▲暑《あつ》い日に見たアカボシゴマダラ幼虫《ようちゅう》の立ち上がりポーズ。なんのための行動《こうどう》だろう。

だの前三分の二ぐらいをぐいっと起《お》こし、まるで緑《みどり》の棒《ぼう》を立てたような感《かん》じになっています。なんともきみょうな立ち上がり行動《こうどう》です。

——どうしたんだろう？

そのしゅんかん、ぼくはカイコの「眠《みん》」を思い出しました。カイコガの幼虫《ようちゅう》であるカイコは、えさであるクワの葉《は》を食べてしばらくすると頭と胸《むね》を上げ、じっとして動《うご》かなくなります。それが「眠《みん》」と呼《よ》ばれるもので、次《つぎ》の脱皮《だっぴ》をする前の準備《じゅんび》のようです。

このアカボシゴマダラの立ち上がり行動《こうどう》も、眠《みん》の姿勢《しせい》なのでしょうか。カイコの眠《みん》よりもずっと胸《むね》をそらせた感《かん》じで、犬が立っているようです。手元にある資料《しりょう》を調《しら》べたのですが、はっきりした答えを示《しめ》すものは見つかりません。

——いったい、何のポーズなんだい？

▲脱皮《だっぴ》をする前の「眠《みん》」に入ったカイコ。立ち上がりポーズによく似《に》ていた。

▲温度計《おんどけい》は40度《ど》近い数字を示《しめ》していた。

じっと見ているうちに、だんだん暑《あつ》くなってきました。自分の家なので、ぼうしをかぶらずに庭《にわ》に出てきて、葉《は》の上で立ち上がる幼虫《ようちゅう》に出くわしたからです。

気温《きおん》はたぶん、三〇度《ど》をこえているでしょう。その暑《あつ》さの中で、不思議《ふしぎ》なポーズの理由《りゆう》を考えるのも限界《げんかい》です。お昼をすぎ、おなかもすいてきました。

観察《かんさつ》を中断《ちゅうだん》し、あらためて観察《かんさつ》することにして、家の中に入りました。

水道の蛇口《じゃぐち》をひねり、手を洗《あら》いました。うがいをするため、コップの水を口にふくみました。

そのときふと、あることに気がつきました。

——もしかして、暑《あつ》いから？

イモムシが苦手《にがて》なこともあって、ぼくはチョウの幼虫《ようちゅう》の観察《かんさつ》にもあまり熱心《ねっしん》ではありません。だからチョウにくわしい人たちにとっては何の疑問《ぎもん》も感《かん》じない幼《よう》虫《ちゅう》の行動《こうどう》なのかもかもしれませんが、ぼくの頭にひらめいたのは暑《あつ》さをしのぐためのポーズではないかということでした。

暑《あつ》い日に、木の枝《えだ》の先にとまったトンボが、おしりをぐいっとつき上げているのを何度《なんど》か見ました。それはトンボ流《りゅう》の暑《あつ》さをさけるポーズだそうです。

おしりを上げて逆立《さかだ》ちみたいなかっこうになると、太陽《たいよう》の光が当たる面積《めんせき》が減《へ》ります。それでトンボは、そんなおかしな姿勢《しせい》をとるようです。

▲暑《あつ》さ対策《たいさく》でおしりを立てるとされるトンボ。

だとしたら、アカボシゴマダラの幼虫《ようちゅう》もそのつもりでからだを持《も》ち上げているのでしょうか。

――うーん。

ガラガラといきおいよくうがいをして、テーブルにすわりました。なにはともあれ、まずは昼食です。

9 なぞのポーズ

アカボシゴマダラの幼虫《ようちゅう》が投《な》げかけた新しいなぞは、からだの三分の二ほどをぐいっと起《お》こす「立ち上がり」行動《こうどう》です。それを解《と》くヒントとしてトンボの逆立《さかだ》ち姿勢《しせい》を思い出したのですが、それはアカボシゴマダラにも当てはまるのでしょうか。

頭を冷《ひ》やして物事《ものごと》を考えるのは、いいことです。エアコンのきいた部屋《へや》で頭も体も冷《ひ》やして昼食をとり、食後に冷《つめ》たいコーヒーまで飲《の》みました。これでいい知《ち》恵《え》が出てくれれば、しめたものです。

しかし、ほかの答えは思いつきません。あれだけすくっと立ち上がっていたのはやはり、幼虫《ようちゅう》の暑《あつ》さ対策《たいさく》だと考えていいのではないでしょうか。

——だけど、あの幼虫《ようちゅう》だけのポーズかもしれないしなあ。

▲しばらくしても、立ち上がったままだったアカボシゴマダラの幼虫《ようちゅう》。

別《べつ》の幼虫《ようちゅう》、よその場所《ばしょ》でも同じポーズをとるものが見つかれば、説得力《せっとくりょく》が高まるように思いました。

だったら、すぐに行動《こうどう》です。

ぼくはぼうしをかぶって庭《にわ》に出て、まずは先ほど見た立ち上がり幼虫《ようちゅう》を確認《かくにん》しました。昼食に二〇分ほどかけたのですが、あの幼虫《ようちゅう》は同じ葉《は》にとまっていて、相変《あいか》わらず同じポーズをとっていました。

多くの場合、幼虫《ようちゅう》は葉《は》にぺたんとからだをくっつけています。それなのに、長いこと立ち上がったままです。何か理由《りゆう》があると考えていいでしょう。

ほかに、同じような幼虫《ようちゅう》はいないのでしょうか。

と思ってよく見ると、立ち上がり幼虫《ようちゅう》を見つけたときにはおどろいて見のがしていたのですが、同じ木の別《べつ》の葉《は》に、もう一匹《いっぴき》いました。同じくらい、からだを起《お》こしています。

——しめしめ。

ぼくは思わず、にんまりしました。その二匹《ひき》はどちらも、同じ方を向《む》いて立ち上がっています。

わが家にはまだ、二本のエノキがあります。それも調《しら》べたのですが、そのときには幼虫《ようちゅう》がいなくて、さなぎのからがひとつだけ見つかりました。

ぼくは次《つぎ》に、いつもの散歩《さんぽ》コースを目指《めざ》しました。太陽《たいよう》の位置《いち》があまりちがわないうちに調《しら》べた方がいいと考え、自転車《じてんしゃ》をこいで走りました。

エノキの本数が多いので、以前《いぜん》見たことがある木にしぼってさがしました。すると三本のエノキで、合わせて五匹《ひき》の幼虫《ようちゅう》が見つかりました。からだの大きさはほぼ同じで、五齢《れい》幼虫《ようちゅう》のようです。ということは、ぼくの家の庭《にわ》にいた幼虫《ようちゅう》とも同じです。

虫の行動《こうどう》を比《くら》べるなら、同級生《どうきゅうせい》のようなものを選《えら》ぶのがいちばんです。そうしないと、成長時期《せいちょうじき》によって、ちがいが出ることもあるからです。

結果《けっか》から言うと、そのうちの四匹《ひき》はどれも、葉《は》にからだをくっつけていました。いつものポーズ、これま

▲よく見るアカボシゴマダラ幼虫《ようちゅう》のとまり方。葉《は》にぺたんとくっついている。

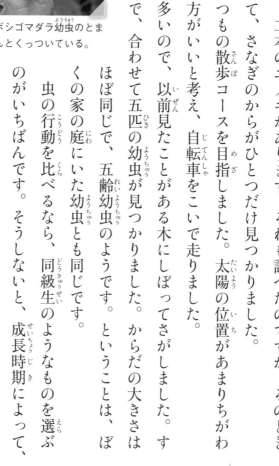

でよく見てきた幼虫《ようちゅう》の姿勢《しせい》です。

残《のこ》る一匹《いっぴき》は、おしりだけうかせたようなかっこうでした。それはそれで不思議《ふしぎ》でしたが、とりあえずはからだをくっつけていた幼虫《ようちゅう》として数えました。

太陽《たいよう》の光をさけるための暑《あつ》さ対策《たいさく》だと推理《すいり》したのに、観察《かんさつ》すればするほど、そうではない例《れい》の方が多くなってしまいました。だとすると庭《にわ》の二匹《ひき》は、なんのためのポーズだったのでしょう。

ほぼ同じ時間、大ざっぱにいえば同じ地域《ちいき》での出《で》来事《きごと》です。それなのに、異《こと》なるポーズを見せる同級《どうきゅう》生《せい》のような幼虫《ようちゅう》がいるのです。

まずは落《お》ち着《つ》こうと、ぼうしをとってハンカチで額《ひたい》のあせをぬぐいました。

▲おしりだけうかせていたアカボシゴマダラの幼虫《ようちゅう》。これはこれで不思議《ふしぎ》だ。

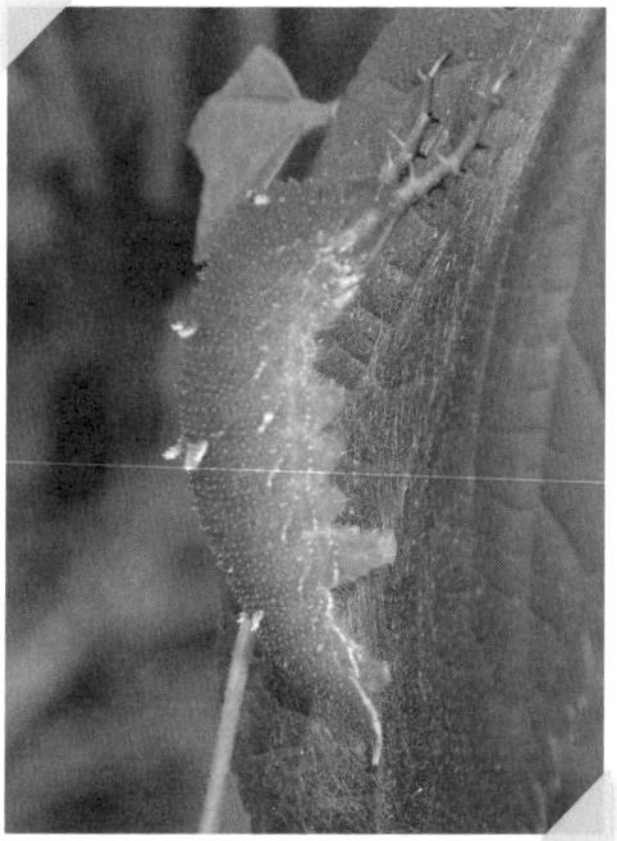

▲からだをうかせていても、ふだんはせいぜいこれくらいだ。

——あ、そうか！

必死《ひっし》になっていて気づかなかったのですが、幼虫《ようちゅう》がとまっていたのはどれも、大きな木の日陰《ひかげ》になる木でした。高さには差《さ》があるものの、幼虫《ようちゅう》たちはそうした木で見つけたものです。

——なるほど、そういうことだったのか。

なんとなく、合点《がてん》がいきました。

新しい推理《すいり》はこうです。

庭《にわ》で見た二匹《ひき》はやっぱり、暑《あつ》さ対策《たいさく》として、あのポーズをとっていたのです。

高さ五〇センチメートルもない小さな木なので、どの葉《は》にとまっても、太陽《たいよう》の光を浴《あ》びてしまいます。それであきらめて、立ち上がることで背中《せなか》に当たる太陽《たいよう》の光を少しでも減《へ》らそうとしたのではないでしょうか。その結果《けっか》、立ち上がることになったように思います。

▲日当たりが良《よ》い場所《ばしょ》だと、夏は暑《あつ》すぎる。それで幼虫《ようちゅう》は立ち上がって、暑《あつ》さをよけるのかな？

▲大きな木の下のエノキを利用《りよう》するアカボシゴマダラ幼虫《ようちゅう》は、日かげがすずしいと知っている？

ところがあとで見つけた幼虫《ようちゅう》は、自分たちがいるエノキにおおいかぶさるようにして、ほかの木々《きぎ》がある場所《ばしょ》にいました。日陰《ひかげ》にいてすずしいので、わざわざ不自然《ふしぜん》な姿勢《しせい》をとらなくてもいいのでしょう。それでどれも、ふだん通りのポーズで葉《は》にとまっていたのです。

あくまでぼくの推理《すいり》でしかありません。しかも、たった数例《すうれい》からみちびきだした結論《けつろん》です。でもぼくは、自分なりの答えが見いだせたことに満足《まんぞく》しました。

まちがった見方だとしても、そうした報告《ほうこく》があればまただれかが、別《べつ》の調《しら》べ方をするでしょう。そうすればより正解《せいかい》に近づくのではないでしょうか。そう考えて、「立ち上がり問題《もんだい》」は一応《いちおう》、解決《かいけつ》したことにしました。

そしてまた一年が過《す》ぎ、新しい春がやってきました。二〇二二年、アカボシゴマダラと出会ってすでに七回目の春です。

▲立ち上がりポーズをとる幼虫《ようちゅう》は１匹《ぴき》だけでなかった。すぐ近くにもう１匹《ぴき》、仲間《なかま》がいた。

▲春の虫さがしに出かけたら、ペアのキジがいた。左がわはメス、右がわにいるのがオスだ。

孫《まご》といっしょに、久《ひさ》しぶりに春の虫さがしに出かけました。

「キジだ！」

孫《まご》が指《ゆび》さす先に、キジがいます。まっかな肉垂《にくだ》れが見えるので、オスです。先ほどから聞こえてきた「ケーン、ケーン！」という鳴き声の主《ぬし》でしょうか。

カメラをかまえてファインダーをのぞくと、近くにメスもいました。どうやら、つがいのようです。

なんだかいいことがありそうな予感《よかん》がします。

すると――。

「そういえば、じいちゃん……。」

「なんだい。」

孫《まご》がとつぜん、何かを思い出したように言いました。

▲エノキが生える場所《ばしょ》によって幼虫《ようちゅう》の行動《こうどう》が変《か》わるとしたら、おもしろい。

▲立ち上がりポーズを続《つづ》けるアカボシゴマダラの幼虫《ようちゅう》。

▲この角度《かくど》なら眠《みん》かも。この幼虫《ようちゅう》は、脱皮《だっぴ》をしてから頭のからをすてた。

10 赤い星のメッセージ

「アカボシゴマダラの越冬幼虫《えっとうようちゅう》なんだけどね……。」

「どうかしたのか？」

「落《お》ち葉《ば》にくっついて冬を越《こ》すと思っていたんだけど、エノキの幹《みき》にいることもあるんだね。」

「えーっ！」

ぼくが知らなかった新しい情報《じょうほう》です。

孫《まご》の観察《かんさつ》によると、見たのは若《わか》いエノキの株元《かぶもと》です。地上から二〇センチメートルほどの低《ひく》い位置《いち》に、幼虫《ようちゅう》が三匹《びき》もとまっていたというのです。

「なるほど。それで幼虫《ようちゅう》がとまっている落《お》ち葉《ば》をさがしても、なかなか見つからなかったんだな。」

「うーん、そうかも。」

断言《だんげん》はできないようですが、幹《みき》に幼虫《ようちゅう》がいたのはたしかです。

▲エノキの株元《かぶもと》の近くにいた真冬《まふゆ》のアカボシゴマダラ幼虫《ようちゅう》。３匹《びき》もいた。

ということは、もしかしたらアカボシゴマダラがふえた理由《りゆう》のひとつになるかもしれません。

オオムラサキ、ゴマダラチョウもいる場所《ばしょ》だと、えさになるエノキの葉《は》のうばい合いになるかもしれません。外来《がいらい》種《しゅ》のアカボシゴマダラがふえて困《こま》るのは、在来種《ざいらいしゅ》とのそうした争《あらそ》いが起《お》きる可能性《かのうせい》があるからです。

▲オオムラサキの幼虫《ようちゅう》。4月末《がつまつ》には、木のまたにまで登《のぼ》っていた。

在来種《ざいらいしゅ》であるオオムラサキ、ゴマダラチョウは、落《お》ち葉《ば》にはりついて冬を越《こ》します。そして春になり、エノキが葉《は》を広げるころ、幹《みき》をのぼっていきます。

アカボシゴマダラのように、まだ寒《さむ》い時期《じき》から幹《みき》にとまっていたら、どうでしょう。幼虫《ようちゅう》の進《すす》む速《はや》さがどれほどなのか調《しら》べたことはありませんが、少しでも葉《は》に近いところからスタートする方が有利《ゆうり》だと

▲落《お》ち葉《ば》をめくって12月に見つけたオオムラサキの幼虫《ようちゅう》。

思えます。

そんな話を孫《まご》にすると、納得《なっとく》したようにうなずきました。

「だけどね、うちの近くにはオオムラサキがいないでしょ。」

「そうなんだよなあ。」

オオムラサキも生息《せいそく》する地域《ちいき》なら、たしかめることもできます。でも、アカボシゴマダラしか見たことがないぼくの近所《きんじょ》では、比《くら》べることができません。

それはともかく、幼虫《ようちゅう》をよく観察《かんさつ》した孫《まご》のお手がらです。そのおかげで、アカボシゴマダラがふえた理由《りゆう》のひとつに冬越《ふゆご》しの場所《ばしょ》も加《くわ》えられそうです。

家に帰ってからインターネットで調《しら》べると、チョウの観察《かんさつ》に熱心《ねっしん》な人たちがアカボシゴマダラのそうした性質《せいしつ》について報告《ほうこく》していることを知りました。チョウが好《す》きな人たちにはかないませんが、孫《まご》が自分で見つけたことがすごいと思いました。

アカボシゴマダラに興味《きょうみ》を持《も》って始《はじ》めた観察《かんさつ》ですが、そのこと

▲田んぼのまわりでよく見るシオカラトンボ。

だけをずっと調《しら》べていたわけではありません。それでも疑《ぎ》問《もん》に思うことをひとつずつたしかめてきたので、アカボシゴマダラの野外での生活ぶりや習性《しゅうせい》がわかってきました。さすがにもう、大きな疑問《ぎもん》やなぞは生まれないでしょう。

ところが夏の散歩道《さんぽどう》で、またまた新しい習性《しゅうせい》を知ってしまいました。

すっかり通い慣《な》れた場所《ばしょ》です。アカボシゴマダラのお気に入りの木も、よくわかっています。シオカラトンボやオオシオカラトンボ、キタテハ、コガネグモと、顔なじみともいえる生きものを観察《かんさつ》しながら、エノキの葉《は》にも目を向《む》けました。

アカボシゴマダラの大きな幼虫《ようちゅう》がとまっていました。

カメラをかまえます。

と――。

シカが角《つの》を突《つ》き出すように、その幼虫《ようちゅう》がからだをぐいっと曲《ま》げ

▲オオシオカラトンボ。シオカラトンボに似《に》ている。

▲キタテハもよく見るチョウの一種《いっしゅ》だ。

▲コガネグモ。ご近所《きんじょ》にはまだ多い。

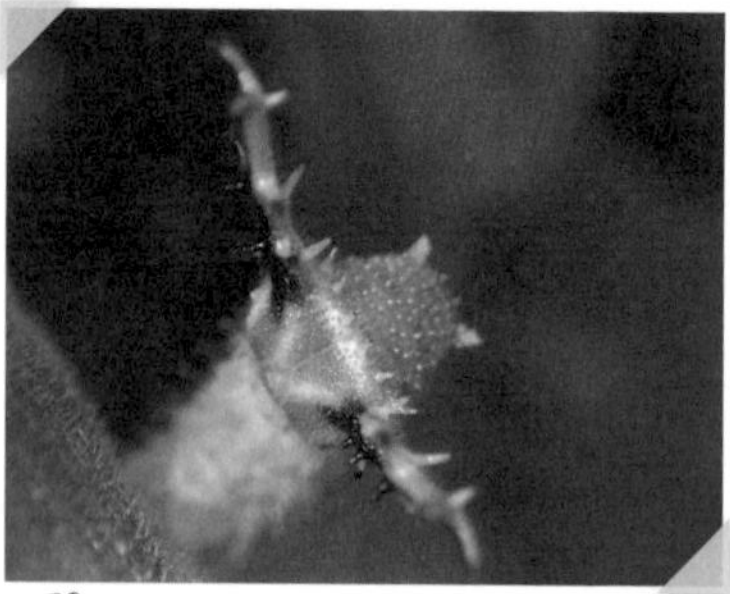

▲角《つの》をつきだすアカボシゴマダラの幼虫《ようちゅう》。おどしているつもり？

て、ぼくをおどしたのです。

ぼくは思わず、体を引きました。

それまでに、数多くのアカボシゴマダラの幼虫《ようちゅう》を見てきました。立ち上がり行動《こうどう》も、卵《たまご》からかえったばかりの赤ちゃん幼虫《ようちゅう》、脱皮《だっぴ》のシーンも観察《かんさつ》しました。特《とく》定外来種《ていがいらいしゅ》となったいまはもう飼《か》えませんが、過去《かこ》には飼育《しいく》もしました。それなのにアカボシゴマダラはまだ、ぼくが知らない特別《とくべつ》な行動《こうどう》をかくしていたのです。

フクラスズメという、蛾《が》の一種《いっしゅ》がいます。その幼虫《ようちゅう》は派手《はで》なもようのケムシで、人間が手を出そうとすると、自分がとまっている草をブルブルッとはげしくゆすります。初《はじ》めてその行動《こうどう》を見たときにはドキッとして、あわてて後ずさりました。

アカボシゴマダラの幼虫《ようちゅう》に、そこまでのおそろしさは感《かん》じ

▲フクラスズメ幼虫《ようちゅう》。おおげさなくらい葉《は》をゆする。

ません。でも、おどされたと感《かん》じたのは初《はじ》めてです。付《つ》き合う時間は長いのに、知らないことはまだまだあるようです。

これだから、自然観察《しぜんかんさつ》はやめられません。解《と》けないなぞや疑問《ぎもん》があるからこそ、もっと知りたいという行動《こうどう》につながるのです。

ぼくをおどす、迫力《はくりょく》のある写真《しゃしん》は撮《と》れなかったのですが、ぼくはその幼虫《ようちゅう》に感謝《かんしゃ》しました。

するとそのとなりの木で、またしても新しい出来事《できごと》にでくわしました。でもそれは、アカボシゴマダラにとっては不幸《ふこう》なことでした。

公園でアサギマダラとアカボシゴマダラを見まちがえたことがありますが、そのおかげでアカボシゴマダラが身《み》を守《まも》る方法《ほうほう》を知りました。毒《どく》のあるアサギマダラの飛《と》び方をまねることで、天敵《てんてき》である鳥におそわれないようにしようという作《さく》戦《せん》でした。

人間のぼくは、まんまとだまされました。しかし、アサギマダラが毒《どく》チョウだと知っている鳥だけが天敵《てんてき》ではありません。何者《なにもの》のしわざなのかわかりませんが、ぼくが見つけたのは、頭と肉片《にくへん》のようなものだけになったアカボシゴマダラの幼《よう》虫《ちゅう》でした。

たとえてみれば、バラバラ事件《じけん》です。毒《どく》のあるチョウを一度《いちど》も口にしたことがない鳥がおそったのか、カマキリとか網《あみ》を張《は》らないクモにやられたのか、それはわかりません。葉《は》の上に残《のこ》っていたのがネコ顔の頭だったせいか、なんだか気の毒《どく》に思えてきました。

――立派《りっぱ》な角《つの》があるんだし、人間だっておどかすのだから、なんとかならなかったのかなあ。

▲アカボシゴマダラ幼虫《ようちゅう》の死《し》がい。犯人《はんにん》は鳥か虫か？

そんなふうに思いました。

あとで知ったのですが、近畿《きんき》大学の研究《けんきゅう》グループが二〇二二年に、ゴマダラチョウの角《つの》は天敵《てんてき》から身《み》を守《まも》るときに盾《たて》の役割《やくわり》を果《は》たしていると発表《はっぴょう》しました。そしておもな天敵《てんてき》が、アシナガバチ類《るい》であることもつきとめています。

▲狩《か》りをするアシナガバチ。アカボシゴマダラの天敵《てんてき》でもある。

アシナガバチ類《るい》はチョウや蛾《が》の幼虫《ようちゅう》をおそうとき、人間でいえば首にあたる部分《ぶぶん》にまずかみつくそうです。そこでゴマダラチョウの幼虫《ようちゅう》は首を守《まも》る武器《ぶき》として角を盾《たて》のように使《つか》っていることを、実験《じっけん》でたしかめました。

その研究《けんきゅう》はゴマダラチョウの幼虫《ようちゅう》を対象《たいしょう》にしたものですが、姿《すがた》かたちのよく似《に》たアカボシゴマダラにも当てはまるのではないでしょうか。

でもぼくが見つけたのは、盾《たて》になるはずの頭だけが残《のこ》った死《し》がいでした。たとえ立派《りっぱ》な盾《たて》があっても、うまく使《つか》えないと命《いのち》とりになるなんて、自然界《しぜんかい》で生きぬくのはたいへんです。外来種《がいらいしゅ》なのだから、やっつけられて当然《とうぜん》だと思うなら、その幼虫《ようちゅう》をおそった相手《あいて》はヒーローになれるでしょう。食べたり、食べられたりするのが自然《しぜん》のおきてなら、しかたのない

▲アカボシゴマダラの角《つの》は、盾《たて》の役目《やくめ》を果《は》たすという研究報告《けんきゅうほうこく》が出された。

ことでもあるのでしょう。

でも、もう何年にもわたってアカボシゴマダラと付《つ》き合ってきたぼくには、どちらの立場に立つといいのか、よくわかりません。

それというのも、こんなことも知ったからです。

各地《かくち》でふえている外来種《がいらいしゅ》だからということで調《しら》べてきたアカボシゴマダラだったのですが、ぼくの近所《きんじょ》に限《かぎ》ると、だんだん減《へ》っているように感《かん》じるからです。

「減《へ》ってきたなら、いいことじゃない？」

そう言う人に会ったこともあります。

「でも」とぼくは思うのです。もしかしたら、アカボシゴマダラでさえすみにくい環境《かんきょう》になりつつあるのではないかということです。

わが家のまわりを見るだけでも、ここ数年で景色《けしき》は大きく変《か》わりました。引っ越《こ》してきた二十数年前と比《くら》べると、同じ場所《ばしょ》にいるとは思えない変《か》わりようです。

▲外来種《がいらいしゅ》とはいえ、アカボシゴマダラを見る機会《きかい》は減《へ》っている。すこし気になる。

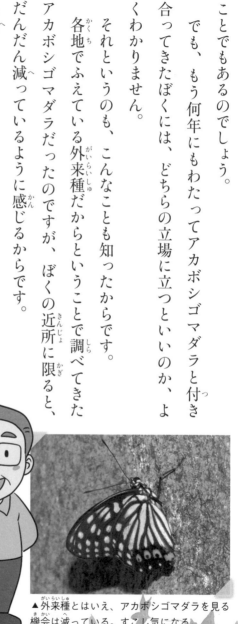

目の前にあった雑木林《ぞうきばやし》で見られた草木は、宅地開発《たくちかいはつ》にともなって、すがたを消《け》しました。「チョットコーイ！」というかん高い声で鳴いていたコジュケイも「ぼろ着《き》て奉公《ほうこう》」と言っていたフクロウもどこかへ行ってしまいました。人間の目で見る環境《かんきょう》でさえこんなに大きく変《か》わっているのです。虫たちの見る世界《せかい》では、もっと大きな変化《へんか》が起《お》きているのではないでしょうか。

たまたま付《つ》き合うことになったアカボシゴマダラですが、それがきっかけになって身近《みぢか》な生きものについて、あらためて考えるようになりました。もしかしたらアカボシゴマダラの赤い星には、何か特別《とくべつ》なメッセージがかくされているのかもしれません。

それはぼくの勝手《かって》な思いこみかもしれません。それでもぼくはあとしばらく、アカボシゴマダラとの付《つ》き合いを続《つづ》けていこうと思っています。

赤い星のチョウを追《お》いかけて、はたして何がわかるのか。

それは人によって異《こと》なるでしょう。だからぼくは、ぼくなりに引き続《つづ》き、赤い星を追《お》いかけたいと思っています。

あとがき

赤い星のチョウってなんだろう?

そんなふうに思いながら読んでくれた人も、あのチョウかなと予想《よそう》して読んでくれた人にも、「へえ」と感心《かんしん》するようなことが見つかったのではないでしょうか。

ぼくはまったく、その通りでした。最初《さいしょ》はなぞのイモムシだったのに、正体がわかってからも、新しい疑問《ぎもん》がいくつもわいてきました。

何かへの興味《きょうみ》は、「?」という疑問《ぎもん》が出発点《しゅっぱつてん》になります。「赤い星のチョウ」だって、知っている人にとってはなんでもないふつうのチョウのひとつでしょう。

でもぼくのように、虫が好《す》きだけど知っていることは少ないと、いくつもの「?」が頭にうかびます。

その答えが見つかると、こんどは「!」に変《か》わります。感動《かんどう》したその答えだって、どこまでが正しいのか、よくわかりません。それでもいいと、ぼくは思いま

す。

自分なりに観察《かんさつ》し、本やインターネットで答えにつながるヒントをさがし、それをまた観察《かんさつ》してたしかめる。いってみればそのくり返《かえ》しでしかないのですが、生きて動《うご》いている虫と同じように、「？」も「！」もどんどん変化《へんか》します。

専門家《せんもんか》からすると、明らかなまちがいやかんちがいがあるかもしれません。でも、それでかまわないと思います。大切なのは、自分の考えで行動《こうどう》することではないでしょうか。

本にはこう書いてあったけれど、ぼくの考えとはちがう、こんなことがほんとうにあるのかなあ……そんな疑問《ぎもん》がわいたらチャンスです。自分なりのやりかたで、気のすむまで調《しら》べればいいのです。この本がそんなきっかけになれば、「赤い星のチョウ」もよろこんでくれるんじゃないかな。

知らないって、じつはすばらしいことだと思いませんか？

二〇二四年秋　プチ生物研究家《せいぶつけんきゅうか》・谷本雄治《たにもとゆうじ》

谷本雄治（たにもと・ゆうじ）　作者
作家・プチ生物研究家。名古屋市で生まれ育ち、現在は千葉市在住。身近な生きものの観察・飼育をもとにした作品が多い。主な著書に、『カイコ1000匹が教えてくれたこと』（文研出版）、『福島ゲンゴロウ物語』（汐文社）、『ほたるのよる』（文溪堂）などがある。

文研じゅべにーる〈ノンフィクション〉　2024年12月30日　第1刷発行

赤い星のチョウを追え！

ISBN978-4-580-82681-6
NDC916　A5判　104P　22cm

文・写真…………谷本雄治

発行者……………佐藤輪史
発行所……………文研出版　〒113-0023　東京都文京区向丘2丁目3番10号
〒543-0052　大阪市天王寺大道4丁目3番25号
代表 (06)6779-1531　児童書お問い合わせ (03)3814-5187
https://www.shinko-keirin.co.jp/

イラスト…………こぐれけんじろう
装幀・デザイン…大岡喜直（next door design）
印刷所／製本所…株式会社太洋社